Jean-Michel Ragald

Le coq dans la parole de Dieu

Jean-Michel Ragald

Le coq dans la parole de Dieu
Entre controverses doctrinales et vérité biblique

Éditions Croix du Salut

Imprint
Any brand names and product names mentioned in this book are subject to trademark, brand or patent protection and are trademarks or registered trademarks of their respective holders. The use of brand names, product names, common names, trade names, product descriptions etc. even without a particular marking in this work is in no way to be construed to mean that such names may be regarded as unrestricted in respect of trademark and brand protection legislation and could thus be used by anyone.

Cover image: www.ingimage.com

Publisher:
Éditions Croix du Salut
is a trademark of
International Book Market Service Ltd., member of OmniScriptum Publishing Group
17 Meldrum Street, Beau Bassin 71504, Mauritius

Printed at: see last page
ISBN: 978-3-8416-9952-7

Copyright © Jean-Michel Ragald
Copyright © 2015 International Book Market Service Ltd., member of OmniScriptum Publishing Group
All rights reserved. Beau Bassin 2015

TABLE DES MATIERES

Introduction..p. 7

Chapitre I – Les caractéristiques du coq...p. 11

Section 1 – Le chant du coq...p. 11

§ 1 – Les significations du chant du coq...p. 11

A – Le chant du coq dans les versions hébraïques et grecques du *Nouveau Testament*..p. 11

1°/ Les controverses chez les hébreux............................p. 12
2°/ Le chant du coq dans les versions grecques..................p. 14

B – Les significations spirituelles du chant du coq......................p. 15

1°/ La repentance...p. 16
2°/ La vigilance..p. 16
3°/ La parousie..p. 17
4°/ Le sceau de la réalisation prophétique........................p. 18
5°/ Le discernement..p. 18
6°/ Le brisement..p. 18

§ 2 – Le discernement du temps...................................p. 19

A – L'intelligence du coq...p. 19

1°/ Le marqueur historique du temps............................p. 19
2°/ L'intelligence et le discernement du coq....................p. 19
3°/ Les aptitudes plurielles du coq...............................p. 20

B – L'opportunité du chant du coq................................p. 22

1°/ L'analyse globale...p. 22
2°/ Les raisons pour lesquelles *Christ* a évoqué le chant du coq..p. 24

Section 2 – La majesté du coq..p. 27

§ 1 – Le roi de la basse-cour..p. 27

A – La solidité des reins du coq..p. 27

1°/ Les sens donnés à « *zarzir* »..p. 27
2°/ L'allure du coq...p. 28
3°/ La solidité des reins de l'animal...................................p. 29

B – L'inscription du coq dans la logique de combat..............p. 31

1°/ Le coq en tant qu'animal de combat...........................p. 31
2°/ Les enseignements à tirer du coq dans le cadre du combat spirituel...p. 31

§ 2 – Les caractéristiques et les fonctions respectives du coq et de la poule...p. 33

A – Les caractéristiques et les fonctions du coq.....................p. 33

1°/ Les caractéristiques physiques du coq.........................p. 34
2°/ L'image et les fonctions du coq...................................p. 34

B – Les caractéristiques et les fonctions de la poule...p. 35

1°/ Les fonctions de la poule...p. 35
2°/ Les moyens à la disposition de la poule pour remplir sa mission...p. 36

Chapitre II - Le coq dans la dimension spirituelle.....................p. 39

Section 1 – L'annonce d'un jour nouveau..............................p. 39

§ 1 – Le passage des ténèbres à la lumière et la séparation entre la lumière et les ténèbres..p. 39

A – La distinction entre la lumière et les ténèbres et le principe de séparation entre les deux..p. 40

    1°/ La notion de lumière...p. 40
    2°/ La nécessaire séparation entre la lumière et les ténèbres...p. 41
    3°/ La notion de ténèbres..p. 44

B – Le choix entre la lumière et les ténèbres..........................p. 46

    1°/ Le passage des ténèbres à la lumière par la croix............p. 46
    2°/ Le passage des ténèbres à la lumière par la révélation......p. 47

§ 2 – L'assimilation de la résurrection des morts au réveil du sommeil...p. 50

A – Le réveil spirituel...p. 51

    1°/ L'intérêt du réveil..p. 51
    2°/ Les conditions du réveil...p. 52
    3°/ Les caractéristiques des endormis...........................p. 53
    4°/ L'exemple d'*Eutychos*..p. 55

B – La résurrection..p. 55

    1°/ L'approche étymologique......................................p. 56
    2°/ La manifestation de la puissance de *Dieu*..................p. 59

Section 2 – Le recours au coq au plan spirituel........................p. 62

§ 1 – Le coq dans le cadre biblique prophétique..................p. 63

A – Le cadre prophétique..p. 63

    1°/ Le probable chant du coq à la parousie de *Jésus-Christ*....p. 63
    2°/ La concrétisation de la prophétie messianique..............p. 64

B – Les modalités d'expression de la prophétie......................p. 66

§ 2 – Un double aspect à corriger : entre emploi et caractère anti-bibliques du coq..p. 67

A – L'usage anti-biblique du coq...p. 68

1°/ Le coq et la fausse prophétie...................................p. 68
2°/ Le coq et les sacrifices d'animaux............................p. 69
3°/ Les personnes faisant des paris dans le cadre des combats de coqs..p. 71
4°/ La pratique du « *tarnegol kapparot* ».........................p. 72

B – Le caractère anti-biblique du coq.....................................p. 73

1°/ L'esprit séducteur...p. 73
2°/ L'assimilation possible du « *gaver* » au coq................p. 76

Conclusion...p. 77

Introduction

« Eveillez-vous harpe et lyre, je veux réveiller l'aube »[1].

S'il peut être intéressant de s'asseoir autour d'une table pour partager en toute convivialité un coq, ce dernier peut faire l'objet de nourriture spirituelle eu égard à la parole de *Dieu*.

Indéniablement, il en est question dans le *Nouveau Testament* à propos de son chant. Mais, en référence à l'*Ancien Testament*, les débats sont plus vifs. Dans cette perspective, le présent ouvrage est intitulé : « Le coq dans la parole de *Dieu* – Entre divergences doctrinales et vérité biblique ».

Déjà, en français, le terme « coq » fut élaboré à partir d'une onomatopée sous la forme de « *coccus* » d'après la loi salique, supplantant l'ancien français «*jal*» qui donnait en latin « *gallus* ». Les hollandais l'ont adopté selon l'orthographe « *kok* » signifiant « cuisiner ».

Etymologiquement, la multiplicité d'acceptions témoigne de la nécessité de baliser l'étude.

Primo, au plan zoologique, le coq est un oiseau de basse-cour, de l'ordre des galliformes ou gallinacés et de la famille des phasianidés. Cette catégorie intègre les poules, les dindes, les pintades, les cailles, les paons, les gelinottes, les faisans. Le coq s'insère dans une catégorie d'oiseaux aux formes lourdes, avec une bonne assise, au bec et aux pattes robustes. Il est présenté comme un animal domestique, familier.

Deuzio, par extension, il s'agit de ce même animal cuisiné. *Tercio*, c'est le mâle de la poule, mais aussi de la perdrix et de quelques oiseaux.

Quarto, sur le plan de la personnalité, c'est une personne dont le comportement se veut séducteur avec de la suffisance ou faisant une démonstration de fierté, d'orgueil et de vanité. En somme, deux dimensions sont à relever : l'esprit de séduction et le caractère.

---

[1] - Psaumes (*Sepher Tehillim*), 108, 3.

Au-delà de cette présentation de base, il y a plusieurs dimensions symboliques à relever. D'abord, le coq est une figure située sur la pointe des clochers de certains bâtiments, particulièrement ecclésiaux, servant de girouette. Ensuite, le coq s'inscrit dans la symbolique nationale ou régionale, particulièrement en *France* avec le coq gaulois, au *Portugal* avec le coq de *Barcelos* et dans la Communauté française de *Belgique* et de la région wallonne avec le coq hardi.

Néanmoins, cette approche identitaire est insuffisante car la véritable identité résulte de l'appartenance et de la connaissance de *Jésus-Christ*. A ce titre, une triple dimension s'y dégage :

- l'origine de l'être humain traduisant le fait d'être grâce à *Elohim*,
- la raison d'être par renvoi au but pour lequel une personne est sur terre,
- et, enfin, la façon d'être mettant l'accent sur la personnalité devant traduire l'accès à l'image de *Dieu* en *Christ* et par le *Saint-Esprit*. Or, un tel caractère se distingue manifestement de l'orgueil des nations et de certaines caractéristiques du coq.

Ainsi, l'insuffisance de la formulation et de la déclinaison nationales ou régionales se couple avec les carences manifestées dans l'approche culturelle. L'identité chrétienne est indépendante de l'identité nationale, culturelle aussi bien aux sens emblématique que culinaire. Toutefois, il faut également admettre que, parallèlement, tout ce que *Dieu* a créé est bon.

Les réponses nationales et culturelles sont loin d'être satisfaisantes bibliquement. L'approche comportementale et l'analyse du caractère de cet animal ne sont pas plus suffisantes en matière d'exemple et d'image. A titre illustratif, le coq domestique (« *gallus domesticus* ») se trouve être un polygame surveillant un harem, se battant avec ses ergots contre les autres coqs, marquant de la sorte son territoire.

Cette vision première ne saurait faire l'économie d'une conception plus profonde étant donné que, parmi les qualités du coq, la protection des femelles et des poussins, la vigilance dans le cadre de la garde et la pugnacité dans le combat ont une place essentielle.

A cet ultime titre, le coq a été, chez les hébreux, un symbole puisque l'un des termes pour le désigner, « *tarnegol* », a historiquement qualifié une opération de l'*Air Force* de l'*Etat* d'*Israël* à l'occasion de la crise de *Suez* en 1956. Mais, en dehors du cadre militaire, le cadre biblique a été propice à l'emploi de ce mot dans une traduction hébraïque du *Nouveau Testament*. Néanmoins, il est à relever que, dans l'*Ancien Testament*, la référence au coq n'est pas partagée par tous. Si certaines traductions l'excluent, d'autres en font une double mention, l'une dans le livre d'*Iyov* (Job), l'autre dans celui de *Mishlei* (Proverbes).

Incontestablement, le coq est mentionné à douze reprises dans les quatre *Evangiles* en référence uniquement à son chant. Cette quadruple narration atteste de la véracité de cette histoire en dépit des prismes ou angles différents présidant à sa retranscription par chacun des rédacteurs.

Hors du contexte biblique, des expressions courantes ou populaires permettent de se faire une idée sur la personnalité de cet animal. « Être fier comme un coq », c'est être très fier. « Être rouge comme un coq », c'est avoir le visage très rouge. « Se battre, se défendre comme un petit coq », c'est avec courage, voire même avec agressivité. « Au chant du coq » est une expression temporelle signifiant à l'aube. Le « coq du village » est un homme dans une localité ayant beaucoup de succès auprès des femmes. Il y a même un proverbe disant que : « Ce n'est pas à la poule à chanter devant le coq ». Cela signifierait que ce n'est pas à la femme de commander son mari.

Outre ces expressions populaires, spirituellement et bibliquement, le coq apparaît comme un oiseau renvoyant à la lumière, au réveil, à la résurrection, à l'intelligence et à la venue de *Christ*. Aussi, dans le présent ouvrage, il sera question d'examiner d'abord les caractéristiques du coq (Chapitre I). De plus, la représentation spirituelle de cet animal se conforme à la bible sous certains aspects et la transgresse sous d'autres (Chapitre II).

Chapitre I – Les caractéristiques du coq

L'observation des particularismes du coq permet de relever deux choses : sa faculté de chanter (Section 1) et sa majesté (Section 2).

Section – Le chant du coq

Le coq est naturellement un marqueur du temps. Au moment du chant, il est dit que cet animal « coquerique » ou « coqueline ». Formellement, ce chant s'apparente à un cri. Si l'on se réfère aux saintes écritures, les significations du chant du coq s'inscrivent dans l'histoire et la prophétie bibliques détachant communément les évènements d'un sens purement naturel (§ 1). A ce propos, cet animal ferait montre du discernement relativement au temps dans lequel il vit (§ 2).

§ 1 – Les significations du chant du coq

Il est vrai que les versions d'origine sont l'hébreu et l'araméen pour l'*Ancien Testament* et les anciens documents retrouvés sont en grec, à quelques exceptions près, pour le *Nouveau Testament*. Toutefois, pour se faire une idée précise au sujet de cet animal, il est bon d'examiner aussi la traduction hébraïque du *Nouveau Testament*. Dans un champ d'investigation large, il nous sera donné d'étudier le chant du coq dans les versions hébraïques et grecques (A) avant d'en révéler les significations spirituelles (B).

A – Le chant du coq dans les versions hébraïques et grecques du *Nouveau Testament*

Le chant du coq est inné. Dans la bible, le chant du coq s'inscrit dans un cadre horaire au sujet de la venue du *Seigneur Jésus-Christ* au soir, à minuit, au chant du coq ou au matin[2]. L'interprétation souvent donnée au vu de l'emplacement du chant du coq a conduit certains à l'identifier à la fin de la troisième veille de la nuit, entre minuit et trois heures du matin. Mais, il est vrai aussi que le chant du coq se fait entendre avant l'aube ou à l'aube même.

Le chant du coq a été aussi le moment où la prédiction du reniement de *Pierre* a été confirmée. Est-ce un hasard ? Certains le pensent, d'autres pas. Or, les écrits

---
[2] - Marc, 13, 35.

bibliques ne sont pas le fruit du hasard car elles servent à enseigner et à corriger l'être humain. En l'espèce, cette circonstance viserait à marquer un temps spirituel.

Si chez certains hébreux, l'histoire du reniement de *Pierre* ponctué par le chant du coq a suscité bien des controverses (1), la question ne s'est nullement posée ailleurs (2).

1°/ Les controverses chez les hébreux

Concernant l'*Ancien Testament* où il n'est point question du chant du coq, les termes « *zarzir* » et « *sekvi* » ont suscité diverses interprétations doctrinales au point de générer des controverses. Cela procède d'une multiplicité de traductions, même si certaines ont vu dans ces termes le coq.

De même, « *guever* » chez les hébreux est l'homme et chez les araméens le coq. Aussi, au sujet du « *tarnegol kapparot* », hors cadre biblique, cette similitude terminologique interpelle. Mais, si le terme est employable autant pour l'homme que pour l'animal, la bible hébraïque n'a parlé du « *guever* » qu'à propos de l'homme.

On peut alors apprécier toute la complexité de l'analyse quand l'approche hébraïque s'associe à l'esprit de religiosité.

La rupture avec la logique et le formatage religieux – En la matière, la discussion a porté sur plusieurs points.

D'abord, elle a concerné le caractère impur ou non de l'élevage de coqs en *Israël* et sur le type de coq dont il pourrait s'agir. A ce propos, selon certains juifs, le fait pour le coq de gratter le sol les a longtemps conduits à considérer l'élevage de coqs comme une impureté. Dès lors, selon eux, le chant du coq dans la bible ne pourrait être qu'un signal horaire. Bien plus, parce que le chant du coq après le reniement de *Pierre* s'est réalisé au moment où *Israël* était sous la domination de l'*Empire romain*, le pas a été vite franchi de dire qu'il s'agirait d'un « *gallicinium* » romain. Mais, d'autres ont émis la possibilité que ce fusse un coq sauvage (« *tarnegol bar* »). Dans un cas comme dans l'autre, aucune écriture biblique ne permet de déterminer le type de coq dont il était question.

Cette divergence d'interprétation étant mise de côté, la référence au chant du coq est propre aux seuls *Evangiles*. Ce serait alors le signe que le cri de cet animal se conjugue avec la proclamation de l'*Evangile*. En l'espèce, il s'agissait de confirmer une prophétie et la prédication de la foi conduisant *Pierre* à la repentance. *Matthieu*, *Luc* et *Jean* font mention d'un seul chant tandis que *Marc* en signale l'existence de deux. Cette contradiction n'est qu'apparente puisque si les premiers ont mis l'accent sur le chant ayant conduit *Pierre* à pleurer amèrement, *Marc* a plutôt fait une description plus précise.

Ensuite, l'argument religieux vole en éclat quand on sait que le *Talmud* lui-même fait état d'élevages de coqs à *Yerushalayim*. En conséquence, l'existence de coqs dans cette ville est historiquement attestée par les interprètes juifs. Emettre une position contraire reviendrait à nier la vérité biblique. Présent à *Yerushalayim*, le coq pouvait alors s'y faire entendre.

Enfin, au moment où *Jésus-Christ* pleura sur *Yerushalayim*, il prit pour illustration la poule rassemblant ses petits sous ses ailes. Cet argument fort atteste de la présence de gallinacés en *Israël*. Comment pourrait-on concevoir les poules sans coq dans la ville ?

Ainsi, la référence au coq et à la poule dans les *Evangiles* est-elle venue rompre avec la logique et le formatage religieux.

La traduction hébraïque du Nouveau Testament - Une version hébraïque du *Nouveau Testament* traduit « coq » par « *tarnegol* ». Ce terme vient de l'akkadien « *tarlugallu* » (« *tarnugallu* » ou « *darlugallu* »), littéralement « l'oiseau royal », probablement en raison de la prestance de cet animal. Certains n'ont pas hésité, à juste titre, à indiquer que « *tarnegol* » est un terme « post-biblique ».

Au surplus, les débats sont particulièrement vifs quant à la question de savoir si le livre de *Matthieu* a été d'abord rédigé en hébreu ou en grec.

Quoiqu'il en soit, dans l'hébreu moderne, « *tarnegol* » se retrouve non seulement dans le livre de *Mattatyahou*[3], mais aussi dans les *Evangiles* de *Marc*, de *Luc* et de *Jean*[4]. Même si « *tarnegol* » n'est pas dans le *Tanakh* (bible hébraïque correspondant à l'*Ancien Testament*), il est présent dans une version hébraïque du *Nouveau Testament*. Couramment, en dehors de la traduction hébraïque du *Nouveau Testament*, il est le coq qui chante à la minute où il est temps de se lever, en sa qualité d'animal du réveil.

---

[3] - Matthieu, 26, 34, 74 et 75.
[4] - Marc, 13, 35 ; 14, 30, 68 et 72 ; Luc, 22, 34, 60 et 61 ; Jean, 13, 38 ; 18, 27.

Mais, il faut savoir qu'il y a un autre nom hébreu évocateur du coq, le « *shavshevet* ». Il s'agit soit de l'animal qui pourrait concerner le texte hébraïque dans le cadre du *Nouveau Testament*, soit de la girouette en forme de coq, représentation visuelle dénuée de toute émission sonore et sur laquelle il nous sera donné de revenir.

Bibliquement, il faut voir dans le cri du coq la réalisation de la prophétie de *Jésus-Christ* concernant le reniement de *Pierre* et le rappel de la discipline et de la correction. Naturellement, le cri du coq s'accompagne de la manifestation d'un souffle, d'une respiration associée à une compression organique. L'observation extérieure du coq semble montrer un cri de source pulmonaire tout en présentant un son guttural.

2°/ Le chant du coq dans les versions grecques

S'il est bon d'examiner la structure linguistique du terme employé dans les versions grecques, il importe de réfléchir également sur le temps utilisé.

La terminologie helléniste - En grec, « *alektorophonia* » est le chant, le cri du coq. Ce terme est structuré autour de « *alektor* », le « coq », le « mâle de n'importe quel oiseau » et « *phone* », le « son », le « ton », la « voix », la « parole », le « langage », la « langue », le « bruit », le « cri ». Par cette émanation sonore, cet animal se fait entendre.

« *Phone* » se rapporte au verbe « *phaino* » à savoir « apporter à la lumière », « faire briller », « remplir de clarté », « devenir évident », « être amené à la lumière », « porter à la vue », « apparaître », « exposer à la vue », « devenir clair, manifeste », « frapper le regard », « apparaître à l'esprit », « sembler à son jugement ou à son opinion ».

Par voie de conséquence, le coq accompagne l'apport, l'apparition de la lumière du jour. Bibliquement, il se joint à la mise en évidence, à la révélation, aux perceptions physique et spirituelle des choses. Il met en relief un jugement soit pour s'inscrire dans un cadre prophétique, soit pour apprécier une chose, une situation, une réalité même spirituelle. Il s'agit d'éclairer, de raviver la mémoire, de mettre à l'esprit, d'interpeller fortement.

L'« *alektor* » symbolise le fait de porter les choses des ténèbres à la lumière, de les mettre en exergue alors qu'elles étaient jusque-là inexistantes, inconscientes ou inapparentes. C'est spirituellement une révélation nouvelle et l'apparition d'un nouveau jour. Les choses venant à la lumière, les ténèbres s'écartent *ipso facto*.

L'aoriste dans Jean, 18, 17 – Dans ce verset, quand il est dit « un coq chanta » (« *alektor ephonesen* »), cela suppose l'émission d'un son émanant de l'animal. « *Ephonesen* » est, dans la langue grecque, un aoriste traduisant une action passée présentée sans référence à sa durée.

En clair, on ne sait pas, bibliquement, l'intervalle de temps durant lequel le coq chanta. Dans le grec ancien, l'aoriste se dit « *aoristos* » signifiant « non limité », « indéfini », « indéterminé ». C'est un temps de conjugaison présentant l'action comme passée, mais à un moment indéterminé. Tout ce que l'on sait, c'est qu'après le reniement, le chant du coq se manifesta « aussitôt » (« *euthéos* »), mais pour combien de temps ? On ne le sait pas.

B – Les significations spirituelles du chant du coq

Le chant du coq se manifeste au petit matin avec un premier pic sonore à l'aube. Il arrive même que, dans cette période, cet animal puisse à de multiples reprises chanter. Lorsque plusieurs coqs se situent dans le même environnement, ils peuvent chanter de manière répétée et successive. Le cri déchire le silence matinal pour proclamer la survenue de la lumière du jour marquant chronologiquement le passage des ténèbres à la lumière.

S'il y a un creux en cours de journée, on remarque également que le coq chante à un niveau sonore de 50 à 60 décibels toute la journée. Si on distingue davantage son chant à l'aube, il existe néanmoins un bruit de fond. N'est-ce pas une façon pour l'animal de donner la louange au *Seigneur* dans la mesure où la bible signale que les arbres et les animaux agissent de même envers le *Créateur* ?

Quoiqu'il en soit, le cri du coq peut être interprété comme un appel, un signe de dérangement causé par un bruit insolite, par la présence de la lumière ou par celle d'un prédateur. Il peut s'agir parfois d'un avertissement face à un danger.

Spirituellement, le chant du coq dans la bible fait référence à la repentance (1), à la vigilance (2), à la parousie (3), à la réalisation prophétique (4), au discernement (5) et au brisement (6).

1°/ La repentance

Quand *Jésus-Christ* avait parlé à *Pierre* de son reniement et que ce dernier avait rejeté cette prophétie, le chant du coq s'apparentait à un avertissement qui lui est donné face à un danger spirituel. Il s'apparentait à une mise à l'index de multiples péchés et constitue spirituellement un avertisseur sonore comme l'est, par ailleurs, la trompette ou la corne dans la parole de *Dieu*. Il signale l'importance d'un évènement spirituel et est un avertissement ponctuant une confirmation de péchés avec l'impératif de se repentir.

Le chant du coq est un véritable appel à une conversion, non le simple regret d'avoir fauté à l'instar de *Judas*. La croix permet de guérir des remords aux travers des meurtrissures de *Jésus-Christ*. Il y a deux idées dans la repentance. L'une, proche de l'hébreu, met en exergue le soulagement, en l'occurrence « *nakham* ». L'autre, proche du grec, renvoie au changement de voie, d'idée, de décision, de direction, de manière de voir ou de pensée, à savoir la « *metanoïa* ».

On comprend que *Pierre* devait, par une réelle conversion, être conduit à la croix, avec une conviction profonde d'une réalité spirituelle traduite par d'amères larmes. La prise de conscience de sa réalité pécheresse entraîne souvent des sentiments multiples à l'instar de la culpabilité, de la honte, de la tristesse et de l'indignité. Mais, tout cela, *Christ* le prend à la croix en enlevant la condamnation du croyant, en n'ayant pas eu honte de ce qu'il a subi, même si, à *Gethsemani* (pressoir à huile), il commença à s'attrister et à s'angoisser, disant à *Pierre* et aux deux fils de *Zébédée* (*Jacques* et *Jean*) : « Très triste est mon âme jusqu'à la mort »[5].

Dans le cas de *Jésus-Christ*, la tristesse n'était pas liée au péché, mais à la dureté de l'épreuve qu'il allait supporter. En revanche, la tristesse de *Pierre* était directement associée au péché. De plus, *Jésus-Christ* ne pouvait avoir le sentiment d'indignité puisque les puissances, les autorités démoniaques ont été dépouillées et mises en spectacle. L'amour triomphe de *Satan*, du monde, de la chair et de l'*ego*.

2°/ La vigilance

---
[5] - Matthieu, 26, 36 à 38.

Le coq est un animal extrêmement vigilant. Pour avertir du danger, il observe ce qui se passe autour. Cette prudence est à la hauteur de sa grande sensibilité auditive, de son ouïe très fine. Extrêmement attentif aux bruits suspects, il va donner l'alerte par son cri.

Or, la bible requiert que le croyant soit vigilant d'autant que nul ne sait si le « *Seigneur* de la maison » (« *kurios tês oikias* ») viendra le soir (« *opsé* »), à minuit (« *mesonuktion* »), au chant du coq (« *alektorophonias* ») ou au matin (« *proï* »)[6]. Ainsi, le chrétien est informé du caractère impromptu du retour en gloire de *Jésus-Christ* et de la possibilité que la parousie s'opère notamment au moment du chant du coq.

3°/ La parousie

L'avènement est la grande surprise du *Seigneur* qui, lui-même, ne sait ni le jour, ni l'heure car seul *Dieu*, le *Père céleste*, le sait. Signalons cependant que s'il advenait que la parousie survienne au chant du coq, certains seraient amenés à penser que cela puisse être matinalement ou nuitamment. Mais, en réalité, la sensibilité du coq pourrait générer, dans de telles circonstances, le déclenchement d'un tel chant.

Au surplus, l'allusion à ce chant représente spirituellement un avertissement. Cette parousie va s'opérer à coup sûr au signal donné, à la voix d'un archange et à la trompette de *Dieu*[7]. Il serait alors possible, mais ce n'est qu'une hypothèse évoqué dans la bible, que l'avènement de *Christ* s'accompagne de quatre faits : le signal donné, le son de la trompette, la voix de l'archange et le chant du coq.

Cette conjugaison de faits occasionne, à coup sûr, de multiples sonorités pour signaler la survenue instantanée de la parousie de *Jésus-Christ*. Cela indique l'importance de ce moment spirituel pour les croyants, avec l'espérance d'être dans la présence de *Dieu* en se préparant pour le rencontrer. Mais, il est parallèlement un instant grave pour ceux qui, restés, devront supporter la grande tribulation.

La soudaineté de cette venue implique une attitude de réveil dans la mesure où il faut éviter d'être endormi (« *katheudontas* »)[8]. Parce que cet instant spirituel marquera

---

[6] - Marc, 13, 35.
[7] - I Thessaloniciens, 4, 16.
[8] - Marc, 13, 16.

une nouvelle période, la parole de *Dieu* demande de veiller[9], d'être prudent, de faire attention, d'être vigilant. A ce propos, requiert-elle de le faire dans la mesure où on ne sait pas le jour de la venue du *Seigneur*[10] ou de l'*Epoux*[11]. La vigilance est donc de mise pour avertir ou se laisser avertir d'un événement spirituellement capital pour éviter d'être soi-même pris au dépourvu.

4°/ Le sceau de la réalisation prophétique

Le chant du coq marque le sceau de la réalisation prophétique de la parole révélée. Il vient sceller la vérité prophétique. Ainsi, *Jésus-Christ* n'a point agi en faux prophète, puisqu'on reconnaît le vrai du faux à son fruit. Le coq avait effectivement chanté comme *Christ* l'avait dit. Ce qu'il a dit s'est concrétisé et, ce qui a été chronologiquement arrêté, a été par la suite constaté.

5°/ Le discernement

Le chant du coq symbolise la prise de conscience par rapport à une situation donnée. Cette conscience agit comme un instrument de discernement entre le bien et le mal, un révélateur de l'état intérieur d'un individu et un agent de personnalité. Le chant du coq est venu rappeler la souillure dans la conscience de *Pierre* dont le reniement s'était caractérisé par la lâcheté, l'infidélité à son maître, le mensonge répété à trois reprises, les faux serments et les imprécations. Cela explique pourquoi le chant du coq constitue, à bien des égards, un appel à la conversion.

6°/ Le brisement

Le chant du coq apparaît comme une piqure de rappel, un moyen de faire revenir quelque chose à la mémoire. Bien souvent, les personnes impulsives ont tendance à vite oublier les choses, à foncer. *Pierre* était de la trempe des fonceurs, prêt même à manier l'épée de manière charnelle, pensant faire justice lui-même et probablement faire justice à *Christ*. Cependant, outre le fait que *Jésus-Christ* a été fait justice, l'usage inapproprié de l'épée (« *makhaïra* ») aboutit à la mort.

Devant cette intempérance, il fallut à *Pierre* un brisement et le potier devait travailler l'argile. Certainement, le cri du coq était-il également là pour rappeler les pensées

---

[9] - Marc, 13, 35.
[10] - Matthieu, 24, 42.
[11] - Matthieu, 25, 13.

charnelles du disciple non encore régénéré ? Cependant, il rappelait au disciple non seulement la véracité de la parole prophétique émanant de *Jésus-Christ*[12], mais encore l'état de son cœur. La présomption de *Pierre* devait être cassée.

§ 2 – Le discernement du temps

Dans l'*Ancien Testament*, si certaines versions ne mentionnent pas le coq, d'autres s'y réfèrent à deux reprises. Dans l'un des cas, il est question de l'intelligence du coq (A) témoignant de l'opportunité de son chant (B).

A – L'intelligence du coq

Si le coq a été un marqueur historique du temps (1), il est bibliquement associé à l'intelligence ou au discernement (2) et, étymologiquement au guet, à la vigilance, à l'alerte et au combat (3).

1°/ Le marqueur historique du temps

Avant l'invention de l'horloge mécanique, de la montre et du réveil, le cri du coq était usité pour indiquer l'heure. Au plan légal, l'une des lois de l'*Empire Ottoman* édictée par *Mehmed II* (qui avait conquis *Constantinople*), décrétait à propos des moulins que :

« Les meuniers seront surveillés. Il est interdit d'élever des poules dans un moulin afin que la farine et le blé des particuliers ne subissent de dommages. On gardera tout au plus un coq pour connaître l'heure ».

Ainsi, si la poule était perçue comme un animal picorant la nourriture en produisant des dégâts dans la production, le coq avait par contre un statut distinct en raison de son utilité pour déterminer l'heure. La nécessité de l'époque faisait loi comme le dirait l'adage latin « *necessitatis facit jus* ». L'usage du coq était un impératif du moment à défaut d'horloge, de réveil et de montre. C'est ainsi que l'on peut être amené à se demander si le coq n'a pas en son sein un régulateur chrono-biologique.

2°/ L'intelligence et le discernement du coq

---

[12] - Matthieu, 26, 75.

La bible nous indique, d'après certaines versions, que l'*Eternel* a pourvu le coq (« *sekvi* ») d'une intelligence[13]. C'en est également une interprétation talmudique de la bible hébraïque. Le second *Targum*, traduction araméenne de la bible hébraïque, se réfère au coq explicitement dans Job, 38, 36 alors que le premier *targum* parle du cœur. En conséquent, en *Israël*, des divergences doctrinales existaient déjà quant à la place du coq dans ce verset.

Nécessairement, cette différenciation de points de vue n'a pas manqué de se constater dans les traductions subséquentes dans d'autres langues. Aussi, certaines versions bibliques n'ont pas hésité à mentionner l'intelligence ou le discernement du coq (La *Nouvelle Bible Segond*, Edition d'étude, l'*Ancien Testament* interlinéaire hébreu-français – *Biblia Hebraica Stuttgartensia*, *TOB*, Bible en *français courant*, Bible *Parole de vie*, Bible *Chouraqui*, Bible des *peuples*, Bible de la *Liturgie*, Bible de *Jérusalem*, Traduction *Pirot-Clamer/Liénart*, Traduction *Fillion*).

Si la Bible *Chouraqui* mentionne le « discernement », la *TOB* parle clairement de « l'art du discernement ». Par contre, les autres versions précitées parlent d'intelligence. Quoiqu'il en soit, l'intelligence conduit au discernement qui en est lui-même l'expression. Dans cette perspective, le coq discernerait les heures de la journée et de la nuit et a l'instinct de chanter à certaines heures.

Cependant, le mot « sekvi » renverrait selon d'autres versions à l'« esprit » (La Bible *Esprit* et *Vie*, Traduction *John Nelson Darby*, Traduction *Louis Segond*, Bible du *Semeur*), à un « phénomène céleste » (Traduction du *Monde Nouveau*), aux « nuées » (Bible annotée *Neuchâtel*), à un « météore » (Bible d'*Ostervald*, Bible du rabbinat français *Zadoc Khan*, Traduction *Crampon*), au « regard » (Traduction *Samuel Cahen*) et au « cœur » (Traduction *David Martin*, Traduction *King James*). La référence à la « conscience » rappelle que celle de *Pierre* a été touchée à l'occasion du chant du coq ?

3°/ Les aptitudes plurielles du coq

Indépendamment de la pluralité des traductions, la racine du terme « *sekvi* » est « *Sekuw* » susceptible d'avoir pour sens « surmonter » et renvoie au « tour de guet », lieu proche de *Rama*. *In fine*, si l'herméneutique animalière est mise en avant, le « *sekvi* » en tant que « coq » serait celui qui fait le guet, avec une vigilance accrue. Faire le guet implique de veiller à ce qu'il n'y ait pas d'intrusion grâce au

---

[13] - Job (*Iyov*), 38, 36.

développement du sens de l'observation, face à l'existence d'un péril éventuel et ce, en vue de l'alerte ou de la préparation au combat.

De ce fait, le coq dispose de plusieurs compétences. Le guet permet de discerner le temps dans lequel on est et de voir l'arrivée d'un ennemi potentiel. Le cri vise à prévenir de l'existence d'un prédateur. Vigilant, prudent, examinateur, attentif aux bruits, s'arrêtant pour écouter (sens de l'écoute) afin d'identifier le danger, discernant le temps grâce à un régulateur chrono-biologique, toutes ces facultés sont empreintes de sagesse d'où l'intelligence (« bina ») du coq mentionnée par certaines versions.

A ce titre, il semble programmé pour connaître le moment opportun en vue du chant, à savoir notamment annoncer l'aurore, le lever du jour. Il constitue, particulièrement dans les campagnes, un instrument pertinent du réveil de certaines personnes.

Le coq marque le temps comme le chrétien devrait marquer le sien dans le cadre de sa génération. Les recherches effectuées permettent de déterminer les moments où le coq chante, singulièrement à minuit, à deux et trois heures du matin et à l'aube. En tant qu'indicateur du temps, il dispose d'une intelligence d'origine divine.

Son sens de l'écoute permet le discernement des bruits suspects en cas de danger. Dans ces conditions, une ouïe développée traduit une faculté d'attention. Au surplus, le coq dispose d'un regard perçant. Faisant attention, il s'arrête dans sa marche en ayant parfois momentanément une patte levée pour observer son environnement.

Cet animal a la qualité de gardien à l'instar d'*Adam* qui avait été établi en tant que gardien et cultivateur[14]. Si le coq apparaît comme un gardien dans une certaine mesure, il est plus difficile de dire que c'est un cultivateur. Constatons néanmoins qu'en présence d'une blatte, d'un ver de terre, il ne va pas hésiter à écraser l'animal au sol ou à aller dans certains trous pour en extraire des vers. De cette manière, il lui arrive de fouiller le sol pour en tirer sa subsistance. Cet animal mange au surplus des grains de maïs, des grains de blé trouvés sur le sol ou donnés par un éleveur... C'est un animal se nourrissant d'aliments d'origine animale ou végétale (omnivore).

Remarquons que si « *guever* », nom araméen du coq, signifie chez les hébreux homme, toutes les fois qu'il est question dans le *Tanakh* du « *guever* », les traductions sont formelles et ont renvoyé à l'homme, non au coq. Or, la bible dit : « Béni l'homme qui se confie en YHWH... » et en hébreu, « *Baruk haguever asher*

---

[14] - Genèse (*Berechit*), 2, 15.

yivtah ba YHWH »[15]. En dehors du cadre biblique cependant, le terme est bien employé pour évoquer ces deux êtres vivants distincts.

B – L'opportunité du chant du coq

Après avoir évoqué la problématique générale liée au chant du coq (1), on verra dans la bible les raisons pour lesquelles *Christ* en a parlé (2).

1°/ L'analyse globale

Après une étude non spécifiquement biblique, on s'attachera particulièrement aux notions trouvées dans les saintes écritures.

L'étymologie hébraïque non spécifique au cadre biblique - L'étymologie hébraïque permet de se faire une idée sur le sens des expressions tournant autour du chant du coq. Ce dernier se dit « *kriatt haguever* ».

« Se lever au chant du coq » renvoie chez les hébreux à se lever comme des poules. Il y a plusieurs expressions pour traduire l'idée : « *bedimdoumé shakhar* », « *kam im shakhar* », « *kam im hatsipourim* », « *hichkim kavam* » et « *kam im kriatt haguever* ». Notons avec intérêt que « *shakhar* » est l'« aube », le « point du jour », l'« aurore », « *hatsipourim* » sont les « oiseaux », « *kavam* » traduit l'idée de se mettre au travail et « *guever* » le coq en araméen.

L'expression « au chant du coq », qui veut dire « à l'aube », « à la première heure », « au point du jour », « de bon ou de grand matin », reçoit également plusieurs traductions : « *hachkem baboqer* », « *beor richonn* », « *baachmoura haakharona* », « *bachaott haketanott* », « *baboqer* », « *miyad im or richonn* ». « *Boqer* » se réfère au matin, « *richonn* » à ce qui vient en premier, « *akharona* » au dernier et « *haketanott* » touche à ce qui est dans la jeunesse.

Une analyse étymologique approfondie permet de déduire que l'aube (« *shakhar* ») vient en premier (« *richonn* »), au moment où le coq (« *guever* ») et les oiseaux (« *hatsipourim* ») chantent pour signaler l'arrivée du matin (« *boqer* ») et conduire l'inactif à se mettre au travail (« *kavam* »). Si « *richonn* » renvoie au premier, c'est-à-

---

[15] - Jérémie (*Yirmeyahou*), 17, 7.

dire à l'aube, « *akharona* » qui se réfère au dernier pourrait, du coup, exprimer parallèlement une activité nocturne.

Il convient toutefois de faire attention aux interprétations susceptibles d'être données dans la mesure où, chez certains hébreux, il y a une coutume selon laquelle il y aurait une bénédiction pour les personnes se réveillant au chant du coq (« *shenatan lasekvi bina lahavrin bein yom ou bein laila* »). Cependant, la volonté divine n'a point été de faire dépendre la bénédiction du chant du coq, mais de l'obéissance à la parole de *Dieu*[16].

L'approche biblique - Dans la bible, on retrouve les termes « *boqer* » (matin, point du jour, aurore, fin de la nuit, lever du soleil, commencement du jour)[17], « *nesheph* » (aube, aurore du matin, crépuscule, nuit qui tombe)[18], « *shepharphar* » (aube, petit matin)[19], « *shashar* » (aube, aurore, point du jour)[20], « *sharsharuwth* » (fraîcheur)[21], « *mishar* » (aube, aurore)[22], « *nogah* » (éclat, splendeur, lumière, feu, clarté, lueur, aurore[23], lumière du jour[24]) et « *zerach* » (aurore, brillant)[25].

---

[16] - Deutéronome (*Devarim*), 28, 1er et s.
[17] - Genèse (*Berechit*), 1er, 8, 13, 19, 23, 31…
[18] - I Samuel (*Shemouel*), 30, 17, l'aurore traduisant là le commencement d'une bataille ; Job (*Iyov*), 7, 4 ; Psaumes (*Sepher Tehillim*), 119, 147 pour ce qui concerne l'aube.
[19] - Daniel, 6, 20.
[20] - Genèse (*Berechit*), 19, 15 ; 32, 25 et 27 ; Josué (*Yehoshuah*), 6, 15 évoquant le fait de tourner sept fois autour de la ville de *Yerikho* depuis l'aurore ; Juges (*Shoftim*), 19, 25 ; I Samuel (*Shemouel*), 9, 26 ; Néhémie, 4, 15 sur l'espérance dans l'ouvrage depuis le lever de l'aurore jusqu'à l'apparition des étoiles, l'aurore étant une période de début d'activation ; Job (*Iyov*), 3, 9 ; 38, 12 ; Psaumes (*Sepher Tehillim*), 22, 1er ; 57, 9 ; 108, 3 ; 139, 9 à propos des ailes de l'aurore ; Cantique des cantiques (*Shir Hashirim*), 6, 10, l'aurore évoquant, dans le langage poétique, la beauté de la femme, à l'instar d'une apparition lumineuse ; Esaïe (*Yeshayahou*), 8, 20 ; 14, 12 ; 47, 11 ; 58, 8 en référence au jaillissement de la lumière à l'aube en vue de la cicatrisation ; Osée (*Hoseah*), 6, 3 témoignant de la certitude de l'arrivée de l'aurore, faisant suite à la nuit, à une période de ténèbres, la comparaison étant faite avec la pluie du printemps ; 10, 15 ; Joël (*Yoel*), 2, 2 pour parler du jour d'obscurité et de ténèbres, jour de nuée et de sombre nuage comme l'aurore déployée sur les montagnes manifestant une certitude de sa venue et d'étendue de son éclat ; Amos, 4, 13 évoquant la faculté de l'*Eternel* de changer l'aurore en ténèbres ; Jonas (*Yona*), 4, 7 sur la venue d'un ver venant piquer le ricin à l'aurore.
[21] - Ecclésiaste (*Qoheleth*), 11, 10.
[22] - Psaumes (*Sepher Tehillim*), 110, 3. L'aurore y est associée à la rosée du matin en référence à la jeunesse.
[23] - Esaïe (*Yeshayahou*), 62, 1er.
[24] - Daniel, 6, 20 lorsque le roi est allé vérifier ce qu'il est advenu de *Daniel* dans la fosse aux lions.
[25] - Esaïe (*Yeshayahou*), 60, 3. Le terme « *zerach* » vient de la racine primaire « *zarach* » signifiant « se lever », « apparaître », « éclater », « s'élever », « briller », « paraître ». Il a été employé à propos du soleil (Genèse, 32, 32 ; Exode, 22, 2 ; Juges, 9, 33 ; II Samuel, 23, 4 ; II Rois, 3, 22 ; Job, 9, 7 ; Psaumes, 104, 22 ; Ecclésiaste, 1er, 5 parlant du fait que le soleil se lève de nouveau, témoignage du renouvellement de la bénédiction ; Jonas, 4, 8 concernant le lever du soleil ; Nahum, 3, 17 ; Malachie, 3, 20 ou 4, 2 selon les versions, à propos du surgissement du soleil de justice et de la guérison sous ses ailes). Il en est de même au sujet de la lumière (Psaumes, 112, 4 ; Esaïe, 58, 10), de la gloire de l'*Eternel* (Esaïe, 60, 1er), de l'*Eternel* (Deutéronome, 33, 2) avec sa gloire (Esaïe, 60, 2) et même de la lèpre (II Chroniques, 26, 19).

Précédée de l'aube, l'aurore est une lueur rose au lever du soleil aux premiers instants du jour. Au sens figuré, c'est le commencement, la jeunesse et, dans le langage poétique, l'orient, le levant.

Le matin est le moment où la voix du croyant est élevée, où l'on prépare les choses pour *YHWH* et un temps d'attente[26]. C'est un temps de préparation pour *Dieu* et un temps où on attend de *Dieu* la parole faisant du bien à l'âme.

Le matin est le moment où l'*Eternel* et le croyant s'activent.

Du côté divin, c'est un temps où *Dieu* parle[27], où les bontés de *YHWH* sont renouvelées[28], un temps de visite[29], de secours émanant de l'*Eternel*[30], de résurrection pour *Jésus-Christ*[31]. Sur ce dernier point, constatons que la résurrection de *Christ* a été constatée « au commencement à luire » (« *tê èpifokouse* »), au lever du soleil[32], « tôt le matin » (« *lian proî* »)[33], « à l'aube profonde » (« *orthrou bathéos* »)[34], « le matin » (« *proî* »)[35]. En somme, l'aube, l'un des moments où se fait entendre le chant du coq, s'inscrit spirituellement dans une dimension du réveil et de la résurrection.

Du côté du croyant, c'est un moment de louange puisque la bible déclare « Eveille-toi harpe et lyre, je veux éveiller l'aube »[36]. C'est également un temps d'éveiller son oreille[37] pour entendre *Dieu*, de se lever[38], d'appeler *YHWH* au secours et de prier au-devant de lui[39], de devancer l'aurore (« *nesheph* ») pour solliciter le secours de *YHWH*, de se réjouir[40]. Du point de vue de la nature, c'est un temps de floraison[41] et, comme on l'a vu, de manifestation du chant du coq.

2°/ Les raisons pour lesquelles *Christ* a évoqué le chant du coq

---

[26] - Psaumes (*Sepher Tehillim*), 5, 4.
[27] - Jérémie (*Yirmeyahou*), 7, 13.
[28] - Lamentations de Jérémie (*Eikha*), 3, 23.
[29] - Job (*Iyov*), 7, 18.
[30] - Psaumes (*Sepher Tehillim*), 46, 6.
[31] - Marc, 16, 9 ; Jean, 20, 1er.
[32] - Matthieu, 28, 1er.
[33] - Marc, 16, 2.
[34] - Luc, 24, 1er.
[35] - Jean, 20, 1er.
[36] - Psaumes (*Sepher Tehillim*), 108, 3.
[37] - Esaïe (*Yeshayahou*), 50, 4.
[38] - Marc, 1er, 35.
[39] - Psaumes (*Sepher Tehillim*), 88, 14.
[40] - Psaumes (*Sepher Tehillim*), 30, 6.
[41] - Psaumes (*Sepher Tehillim*), 90, 6.

L'étude des quatre *Evangiles* détermine les motifs pour lesquels *Christ* a déclaré à *Pierre* qu'il allait le renier.

Les Evangiles de Matthieu et de Marc - Les *Evangiles* de *Matthieu* et de *Marc* définissent la localisation et les circonstances de l'évènement. C'était après avoir chanté des cantiques, en se rendant sur la montagne des *Oliviers*[42]. Au regard des circonstances, les disciples étaient dans une joie exprimée par le chant des cantiques. Mais, c'est l'instant que choisit *Christ* pour annoncer une nouvelle plutôt dure à avaler.

Géographiquement, la montagne des *Oliviers* est la destination du moment et le moment d'évocation du chant du coq. Elle est aussi le lieu du retour du *Seigneur* en gloire qui se fera sur cette montagne vis-à-vis de *Yerushalayim*, du côté de l'orient[43]. C'est aussi l'endroit où les disciples ont interrogé *Christ* sur les signes de son avènement et de la fin du monde[44].

Le *Fils de Dieu* indiqua que le berger (*Christ* étant le grand berger, le bon berger et le souverain berger) allait être frappé et que les brebis se seraient dispersées[45]. Il expliquait qu'après son réveil (sa résurrection), il précédcrait ses disciples en *Galilée*[46]. A ce moment, téméraire, impulsif et de manière péremptoire, *Pierre* déclara ouvertement que : « si même tous trébucheraient, mais pas moi »[47]. Il devait être si présomptueux, qu'il faisait le fier, c'est-à-dire le coq, résistant à la parole de *Christ*. Mais, ce dernier lui annonça qu'un véritable coq, cette fois l'animal, chanterait alors qu'il aurait renié à trois reprises le maître[48]. Malgré cela, *Pierre* alla plus loin en disant : « s'il me fallait mourir avec toi, sûrement je ne te renierai pas… »[49].

Ces belles paroles n'ont pas été suivies d'effet car les circonstances ont montré qu'il n'était pas véritablement prêt pour supporter une telle épreuve parce que, probablement envahi par la crainte, il mentit à plusieurs reprises. De plus, *Jésus-Christ* avait un autre plan pour lui.

---

[42] - Matthieu, 26, 30 ; Matthieu, 14, 26.
[43] - Zacharie (*Zekharia*), 14, 4.
[44] - Matthieu, 24, 3.
[45] - Matthieu, 26, 31 ; Marc, 14, 27.
[46] - Matthieu, 26, 32 ; Marc, 14, 28.
[47] - Matthieu, 26, 33 ; Marc, 14, 29.
[48] - Matthieu, 26, 34 ; Marc, 14, 30.
[49] - Matthieu, 26, 35 ; Marc, 14, 31.

L'Evangile de Luc - Dans l'*Evangile* de *Luc*, l'approche du médecin bien-aimé est bien différente. D'abord, *Jésus-Christ* dit à *Pierre* être en intercession pour lui parce que *Satan* l'a réclamé pour le cribler comme le froment[50]. De ce fait, le *Messie* donne à *Pierre* un détail intéressant sur la réalité spirituelle entourant la vie de son disciple à ce moment. Il lui fallait prier pour que la foi de ce dernier ne défaille point et qu'il puisse affermir ses frères[51].

La réaction du disciple fut immédiate : « *Seigneur*, je suis prêt à aller en prison et à la mort avec toi »[52]. Verbalement, il affirma une allégeance à *Jésus-Christ* avec des propos extrêmes, soit ne se rendant pas compte de leur portée, soit se pensant suffisamment fort spirituellement pour supporter l'épreuve de *Christ*. Cependant, l'épreuve de ce dernier n'était point celle de *Pierre*. A ce moment, *Pierre* était dans une grande confusion spirituelle.

Cependant, *Jésus-Christ* l'a quelque part pris au mot dans la mesure où, après la suppression de *Jacques*, frère de *Jean*, par l'épée, *Hérode* fit mettre *Pierre* en prison tandis que l'*Eglise* était en intercession[53]. Et voici qu'un ange du *Seigneur* réveilla *Pierre*, lui demandant de se lever alors que tombèrent les chaînes des mains[54]. Il fut libéré tandis que les gardes étaient censés le surveiller. Notons qu'avant son réveil, la lumière avait resplendi dans la demeure en raison de la présence de l'ange du *Seigneur*. Ainsi, l'apôtre *Pierre* a expérimenté à un moment donné la prison pour le nom de *Christ*. A partir de cette expérience notamment, il a pu écrire que si quelqu'un souffre comme chrétien, qu'il n'en ait point honte, mais qu'il glorifie *Dieu* de porter ce nom[55].

L'Evangile de Jean - D'après le livre de *Jean*, *Pierre* affirma avec force qu'il suivrait *Jésus-Christ* partout alors que ce dernier lui disait qu'il ne pouvait pas le suivre maintenant[56]. En dépit de cela, *Pierre* affirma être prêt à déposer sa vie pour *Christ*[57]. Mais, *Jésus-Christ* lui annonça doublement « *Amen, amen* » (En vérité, en vérité) pour indiquer le caractère véridique de ce qui allait être dit. Et, il ajouta :

---

[50] - Luc, 22, 31.
[51] - Luc, 22, 32.
[52] - Luc, 22, 33.
[53] - Actes, 12, 1er à 6.
[54] - Actes, 12, 7.
[55] - I Pierre, 4, 16.
[56] - Jean, 13, 36.
[57] - Jean, 13, 37.

« trois fois tu m'auras renié avant que le coq ne se mette à chanter »[58]. Le *Seigneur* savait bien qu'à cet instant, son disciple n'était pas encore prêt.

Section 2 – La majesté du coq

Le coq est un animal majestueux, présenté comme le roi de la basse-cour (§ 1). A cet effet, il convient de faire la distinction entre les attributs de ce dernier et ceux de la poule (§ 2).

§ 1 – Le roi de la basse-cour

Lorsque certaines versions font mention de la solidité des reins du coq (A), cela induit logiquement une insertion dans une logique de combat (B).

A – La solidité des reins du coq

L'ambiguïté du terme « *zarzir* » a conduit à la formulation de plusieurs traductions dont celle du coq (1), au sujet de son allure (2) et de la solidité de ses reins (3).

1°/ Les sens donnés à « *zarzir* »

En hébreu, le terme « *zarzir* » a été diversement rendu. Le vocable signifie, à proprement parler, « celui qui est ceint, retroussé, préparé ». Il touche à une dimension de légèreté puisque le « *zarzir* » des reins est le « léger » des reins.

Cependant, la multiplicité des traductions proposées témoigne de la grande difficulté à savoir de quel animal il s'agit. Certains y ont vu le « zèbre » aux reins puissants (Traduction *Œcuménique* de la Bible), d'autres le « cheval » (La bible *Esprit* et *Vie* dans la version *Louis SEGOND* Edition révisée de 1910, La Bible version annotée *Neuchâtel*, Bible *David Martin*, Bible d'*Ostervald*, Bible *Louis Segond Strong*), le « lévrier »[59] (Traduction *James King*, Traduction du rabbinat français *Zadoc Kahn* : « lévrier aux reins cambrés », Bible *Chouraqui* : « lévrier aux deux hanches », Traduction du *Monde Nouveau*). La palette de versions énoncées traduit toute la

---

[58] - Jean, 13, 38.
[59] - Chien à la vue perçante, au museau effilé, qui a le corps mince et fuselé avec un abdomen étroit, et doté de pattes hautes et puissantes. C'est un animal qui court très vite.

difficulté de l'exercice si bien que la *Thompson* évoque un « animal de combat aux reins (solides) ».

Il convient cependant de noter que *Zadoc Kahn*, rabbin en 1889, et auteur de la traduction du rabbinat français, et *André Chouraqui*, né en *Algérie* en 1917, franco-israélien mort en *Israël*, connu pour sa traduction de la Bible, connaisseurs de la langue hébraïque, ont vu dans le « *zarzir* » le lévrier.

Mais, dans le même temps, si certains estiment que le coq n'est pas mentionné dans le *Tanakh*, certains traducteurs ont vu dans le « *zarzir* » un coq[60]. Dans ce dernier cas, une double tendance est à noter, l'une mettant l'accent sur la solidité de cet animal, l'autre sur son allure fière.

La référence au coq se trouve dans la rédaction de la *LXX (Septante)*, de la *Vulgate*, du *Targum*, du *Syriaque*, du *Talmud*, de l'*Ancien Testament* interlinéaire hébreu-français – Biblia Hebraica Stuttgartensia. De surcroît, la Bible en *français courant* évoque « le coq qui se dresse sur ses ergots », la Bible *Parole de vie* « le coq qui se dresse sur ses pattes ». La Nouvelle Bible *Segond* mentionne « le coq aux reins solides », la Bible du *Semeur* « le coq avec une fière allure ». La Bible des *peuples* se réfère au « coq qui se dresse fièrement », la Bible de *Jérusalem* au « coq bien râblé[61] ». La Bible de la *Liturgie* met en avant « le coq sur ses ergots », la Traduction *Pirot-Clamer/Liénart* « le coq qui se dresse » et la Traduction *Fillion* « le coq dont la démarche est hardie ».

2°/ L'allure du coq

Si on estime que « *zarzir* » se réfère au coq, alors cet animal présente la particularité d'être parmi les trois animaux « qui font bien un pas » (« *me'tivei tsa'ad* ») « et quatre qui font bien en allant » (« *vearba'ah me'tivei la'ket* »)[62]. C'est donc un animal pourvu d'une belle allure, d'une belle démarche. La manière de se mouvoir est empreinte de grâce, d'aisance et de délicatesse.

Une telle impression se dégage même dans un combat ou face à un piège. Le coq va éviter la menace en utilisant quelques battements d'ailes pour s'élever légèrement du sol. C'est un animal avec un fort instinct de survie qui ne se laisse pas faire.

---

[60] - Proverbes (*Mishlei*), 30, 31.
[61] - « Râblé » est ce qui a un dos large et robuste, qui est trapu et fort.
[62] - Proverbes (*Mishlei*), 30, 29.

Néanmoins, même lorsqu'il est question du coq, les versions se distinguent fortement. La comparaison entre la version de la *Septante* (*LXX*), version de la bible hébraïque en langue grecque, et celle de la *Vulgate*, version latine, est édifiante.

Dans la *Septante*, Proverbes, 30, 31 dit : « le coq qui se promène, plein d'ardeur, parmi les poules… ». Cette version met l'accent sur l'attitude du coq qui, dans son allure, manifeste de la fierté avec la mise en avant d'une connotation sexuelle. Le positionnement du coq parmi les poules renvoie à la séduction, à la multiplicité de conquêtes, à un harem. « Plein d'ardeur » exprime le bouillonnement intérieur, pour décrire un désir ardent, une pulsion, une envie d'aller vers la poule. Ce serait ainsi une allure séductrice.

Dans la *Vulgate*, Proverbes, 30, 31 évoque le coq en des termes différents : « *gallus succinctus lumbos*… ». Il s'agit de relever davantage la démarche majestueuse du coq sans y mettre forcément une connotation sexuelle.

Si ces deux dernières versions parlent du coq, c'est pour l'évoquer selon deux approches distinctes, la première en référence à la virilité, la seconde avec une assurance plus royale. De ce fait, si toutes les versions ne parlent pas du coq, lorsqu'il en est sujet, les versions concernées mettent en avant des aspects différents concernant cet animal.

3°/ La solidité des reins de l'animal

L'interlinéaire hébreu-français évoque littéralement le « coq des reins » (« *zarzir matenayim* »)[63] car il est présenté pour la solidité de ses reins. Alors, dans les versions où il est question ici du coq, une comparaison est faite avec le bouc doté également de reins puissants. Le bouc, le mâle de la chèvre, se dit en hébreu « *tayish* »[64]. Or, « *tayish* » vient d'une racine ayant pour sens « coup de corne ». Il s'agit d'un animal brutal, impulsif, récalcitrant, capable de faire mal à autrui.

Malgré des caractéristiques physiques notables, le bouc et le coq sont des animaux sanguins. Dans le combat, les deux présentent des aptitudes de persévérance,

---

[63] - Proverbes (*Mishlei*), 30, 31.
[64] - Outre Proverbes (*Mishlei*), 30, 31, on le retrouve dans Genèse (*Berechit*), 30, 35 ; 32, 15 et II Chroniques (*Divrei Hayamim*), 17, 11.

d'endurance. Au moment de se battre, les deux foncent, l'un cependant avec observation (le coq), l'autre souvent tête baissée (le bouc).

Mais, ce n'est pas uniquement de ce point de vue qu'il convient d'appréhender cette comparaison. La version grecque de la *LXX* montre que le coq marche fièrement parmi les poules et que le bouc conduit les chèvres. Il y a communément une dimension de direction, d'autorité avec l'évocation d'une connotation sexuelle. Cependant, la version hébraïque ne semble pas renvoyer à une dimension purement sexuelle mais se référerait plutôt à la solidité.

Effectivement, l'examen des caractéristiques communes du coq et du bouc montre leur impulsivité, n'hésitant pas à entrer dans le combat, prêts à affronter les situations difficiles, à faire face à l'adversité. Leur ardeur, leur résistance, leur ténacité au combat sont remarquables.

Au surplus, il y a une assise et une grande stabilité observables chez ces animaux. Si le bouc dispose de quatre pattes, le coq est un animal bipède disposant d'une marche assurée. Ses pattes possèdent trois espèces d'ongles écartés remplissant plusieurs fonctions : la stabilité, la préhension et la possibilité de frapper avec les éperons. La *TOB* présente le coq comme se dressant sur ses ergots, soit pour observer les choses, soit pour attaquer ou se défendre.

Les pattes sont solides dans la mesure où elles supportent une masse relativement importante. On aurait pu penser que la force du coq procède de ses cuisses en référence à leur grosseur. Mais, en réalité, selon certaines versions bibliques, la force de cet animal se trouve dans ses reins.

Si on se rapporte au texte hébraïque, les reins symbolisent la force pour accomplir une tâche. Dans le *Nouveau Testament*, si la même idée transparaît avec l'effort consenti dans le cadre d'une activité, il est aussi question de la ceinture de la vérité en matière de combat spirituel. Sur le premier point, celui qui travaille dur doit ceindre ses reins sans rechercher aucune volonté de reconnaissance[65]. Cela implique la fourniture d'un effort important sans avoir à mettre sa personne en avant. Sur le second, il s'agit de savoir convenablement se battre et, pour ce faire, avoir la bonne stratégie. Outre l'élément du combat spirituel, lorsque le coq a chanté, il s'est agi de rappeler à *Pierre* la vérité de la parole prophétique et messianique.

---

[65] - Luc, 17, 8.

B – L'inscription du coq dans la logique de combat

Le fait que le coq soit un animal de combat (1) instruit dans le domaine spirituel (2).

1°/ Le coq en tant qu'animal de combat

Le coq est un animal de combat explosif qui défend sa famille contre les prédateurs et se bat contre ses semblables pour s'approprier un territoire. Dans le cadre des combats de coqs, une distinction est faite entre les combats de vitesse et ceux d'endurance.

En observant deux coqs en train de se battre, on peut remarquer une espèce de chorégraphie circulaire pour trouver un angle d'attaque. Il y a une recherche du point faible en vue de porter le coup fatal.

Au moment de l'attaque, les mouvements d'ailes ont pour but une élévation temporaire par rapport au sol pour ensuite retomber sur ses pattes. Les coqs utilisent le bec et les ergots comme instruments pour se battre. Dans le vol d'attaque, il arrive que les pattes soient en avant en raison de l'impulsion prise grâce à la puissance émanant des reins.

Le bec constitue un ensemble formé de deux pièces cornées qui, chez les oiseaux, constituent des mâchoires et jouent le rôle de lèvres et de dents. Il a une extrémité pointue pour becqueter en vue soit de se nourrir, soit de combattre.

L'ergot est la protubérance osseuse, recouverte d'un tissu corné, située derrière le tarso-métatarse de certains gallinacés mâles (coq) et de certains mammifères (ornithorynque).

Les coups de bec et d'éperons sont extrêmement dangereux car, dans le cadre des combats de coqs, il existe un risque d'aboutir à une mort. L'animal se dresse sur ses ergots pour montrer de la fierté, en gonflant le « torse » pour combattre ou protéger son territoire. Ce sont des bêtes combattant jusqu'à la mort, sans pitié pour ses propres congénères. L'attaque est souvent frontale et le cou est souvent visé.

2°/ Les enseignements à tirer du coq dans le cadre du combat spirituel

Après avoir indiqué l'intérêt d'être debout, la parole de *Dieu* sollicite d'avoir la ceinture de la vérité attachée à ses reins[66], ce qui constitue une force spirituelle essentielle. Au surplus, il y a une direction dans le cadre du combat.

Être debout - Quand un coq se bat, il se tient sur ses pattes sauf au moment de son envol contre son adversaire avec des battements d'ailes ou pour sortir d'un péril. Pour pouvoir voler sur son adversaire, il lui faut être stabilisé, prendre appui sur le sol et ensuite attaquer. Dans cette dynamique, par analogie, la bible requiert de prendre la panoplie (« *panoplia* ») de *Dieu* pour pouvoir résister (« *antistenaï* ») dans le mauvais jour et, ayant tout effectué, tenir debout (« *stenaï* »)[67]. De même qu'on n'a jamais vu un coq combattre couché, de même il est demandé au croyant de tenir debout durant le combat spirituel.

Le sens de « *stenaï* », « tenir debout », suppose le courage, l'endurance pour affronter, le positionnement dans le combat, la stabilité de la base arrière pour obtenir la victoire ou pour résister à l'assaut. Spirituellement, « *stenaï* » implique le fait de se fortifier dans le *Seigneur* et dans la « force de sa puissance » (« *kratei tês iskhuos autoû* »)[68]. Cela veut dire qu'il ne faut être ni dans l'abattement[69], ni dans le découragement[70]. Sur ce dernier point, on aura compris qu'il importe de ne pas avoir de cœur fondu selon la formulation hébraïque ou de fatigue de l'âme d'après la terminologie grecque.

La vérité aux reins - Si les reins renvoient à la solidité, à l'effort dans la tâche, spirituellement ils touchent à la vérité. Parmi les armes spirituelles, il y a la ceinture de la vérité[71]. Si le terme grec pour vérité est « *alethia* », en hébreu il s'agit de « *emeth* » dont la dernière lettre se caractérise dans sa forme en deux jambes. Or, à l'occasion du chant du coq, l'animal est positionné sur ses deux pattes, montrant la stabilité et l'appui. La proclamation du message de la parole de *Dieu* est véridique. Cela est d'autant plus certain que le coq a appuyé la prophétie du *Messie* comme pour en confirmer la véracité.

Par ailleurs, les reins représentent une assise, une solidité afin de ne point être ébranlé. Or, la bible demande aux chrétiens de ne pas être ébranlés en vertu de cette

---

[66] - Ephésiens, 6, 14.
[67] - Ephésiens, 6, 13.
[68] - Ephésiens, 6, 10.
[69] - Psaumes (*Sepher Tehillim*), 42, 12 ; 43, 5.
[70] - Hébreux, 12, 3.
[71] - Ephésiens, 6, 14.

formule de *Jésus-Christ* : « Que vos cœurs ne se troublent pas. Croyez en *Dieu* et croyez en moi »[72]. De surcroît, la parole de *Dieu* affermit les reins et consolide l'être. Ainsi, « le *Dieu* de toute grâce qui vous a appelés à sa gloire éternelle en *Christ*, après que vous ayez souffert un peu de temps, lui-même vous rétablira, vous affermira, vous fortifiera, vous donnera un fondement »[73]. Il y a, de ce fait, une même logique de fondement solide dans la vérité.

La direction dans le combat - Cette stature concernant le coq et le bouc donne le reflet d'une assise royale. Le premier en dispose dans la basse-cour. En retournant dans Proverbes (*Mishlei*), 30, 31, l'expression « et le roi, une armée avec lui » (« *umelek alqum imo* ») montre la comparaison entre le coq avec les poules d'une part, et le bouc avec les chèvres d'autre part. La comparaison est effectuée avec une armée à la tête duquel il y a un roi.

Cette majesté ne saurait être occultée de même que la majesté de l'*Eternel* et celle de *Jésus-Christ* ne sauraient être cachées. Ce n'est pas une question de virilité concernant *Dieu* mais, parmi les noms qui le désignent, il y a *Adonaï*, le *Seigneur*, celui que dirige la vie de quelqu'un comme le fait un roi pour sa nation. Il y a également « *YHWH-Tseba'oth* », l'*Eternel des armées*, celui qui a un commandement, une direction militaire. Un roi a nécessairement à sa disposition une armée.

§ 2 – Les caractéristiques et les fonctions respectives du coq et de la poule

Le coq et la poule sont caractérisés par des différences morphologiques plus ou moins marquées, ce que l'on appelle le dimorphisme sexuel. Généralement, le dimorphisme peut se singulariser par les caractères sexuels primaires (organes génitaux) ou secondaires (morphologiques : taille, couleur du plumage, pelage, existence d'une crête ou non ; physiologique : métabolisme, odeur). L'observation des coqs et des poules atteste de la distinction des caractéristiques et des fonctions entre les premiers (A) et les secondes (B).

A – Les caractéristiques et les fonctions du coq

Il s'agira de distinguer les caractéristiques physiques (1) des fonctions du coq (2).

---

[72] - Jean, 14, 1er.
[73] - I Pierre, 5, 10.

1°/ Les caractéristiques physiques du coq

Avec un plumage blanc ou coloré selon les cas, de longues plumes recourbées vers l'arrière à la queue, une crête rouge, une excroissance charnue et molle au sommet de la tête et parfois, deux barbillons semblables qui pendent sous le bec, le coq est reconnaissable par rapport à d'autres phasianidés et se distingue sur certains aspects de la poule.

Hormis l'existence d'un bec, de deux pattes, de deux ailes et des plumes, caractéristiques communes avec la poule, le coq se distingue de celle-ci par l'existence d'une crête au sommet de sa tête, par ses barbillons et par son chant.

Au surplus, il existe plusieurs sortes de coqs, le coq de *Bruyère*, le coq de *Java*, le coq de *Lafayette*, le coq de *Sonnerat*, le coq domestique, le coq faisan, le coq de perdrix, le coq d'inde étant le dindon. Cette variété animalière se caractérise par des colorations distinctes.

2°/ L'image et les fonctions du coq

Son attitude est empreinte de majesté, de séduction, aimant à se pavaner dans la basse-cour, ce qui est loin d'être le cas de la poule affectée à une activité de ponte ou couvant et étant toujours près de ses poussins.

Disons-le, le coq semble faire preuve d'une administration générale tandis que la poule est plus présente aux côtés de sa progéniture. De par son aspect royal, le coq a un port altier donnant une impression de fierté, d'orgueil, à telle enseigne qu'il semble parfois mépriser. Il bombe même le torse, semblant vouloir manifester son importance.

Il est vrai qu'en apparence, le coq présente une telle image. Mais, à côté de ces caractéristiques, d'autres mettent en avant son rôle dans la basse-cour. Doté d'une bonne ouïe, il veille, signale le danger, dispose d'un rôle de prévention et de prévision. Il a assurément un rôle de garde et est un redoutable combattant. Dans ces conditions, il n'est pas inutile dans la basse-cour contrairement à ce que certains pourraient croire ou laisseraient accroire. Non seulement, l'intérêt de ses cris et de son chant est indéniable et, occasionnellement, a joué et jouera probablement un rôle prophétique eu égard à la parole de *Dieu*.

C'est un animal se tenant fermement sur ses pattes, n'hésitant pas à affronter le combat. Si la poule a un rôle de couverture propre à une femelle, le mâle lui est capable de montrer une forte pugnacité ainsi que de l'âpreté dans les situations délicates. Il a donc quelque part un rôle de protection différent de celui de la femelle. Le cri du coq indique, en effet, le danger dans certaines circonstances.

Le coq est un animal polygame de par ses conquêtes et reste très vigilant quant à son harem. C'est au point qu'il est perçu comme le symbole de la virilité, de la séduction. En la matière, ce n'est pas un exemple à prendre pour l'homme dans la mesure où la parole de *Dieu* a inscrit, dès l'origine, l'être humain dans le cadre de la monogamie[74]. Cela fut confirmé par *Jésus-Christ*, même si, à un moment donné, la loi de *Mosheh* avait permis la polygamie[75].

B – Les caractéristiques et les fonctions de la poule

La poule remplit plusieurs rôles (1). Pour ce faire, elle a besoin d'être spécialement équipée (2).

1°/ Les fonctions de la poule

La poule remplit plusieurs fonctions : la ponte d'œufs, le fait de couver, de rassembler les petits, de protéger sous ses ailes. *Jésus-Christ*, parlant de *Yerushalayim* tuant les prophètes et lapidant ceux qui lui sont envoyés, voulait rassembler ses enfants comme une poule (« *ornis* ») rassemble ses poussins sous ses ailes[76]. Là où se trouve la poule est le point de ralliement pour les petits.

Le rassemblement - Le verbe « rassembler » traduit le mot grec « *episunago* » structuré autour de « *epi* » (« sur », « à », « par », « avant », « au-dessus », « contre », « à travers », « au temps de », « contre ») et « *sunago* », c'est-à-dire « recueillir ensemble », « rassembler », « joindre ensemble », « amener avec soi ». Il y a une perspective d'accompagnement des poussins par la poule. « *Sunago* » est composé de « *sun* » « avec » et de « *ago* », « mener », « conduire », « accompagner à un lieu », voire « mener en tenant la laisse ».

---

[74] - Genèse (*Berechit*), 2, 24.
[75] - Matthieu, 19, 1er et s. ; Marc, 10, 1er et s.
[76] - Matthieu, 23, 37. « *Ornis* » renvoie non seulement à la poule, mais aussi au coq ou à un oiseau.

Sans parler de laisse pour la circonstance, la poule joue néanmoins un rôle d'accompagnement des poussins. Les animaux qu'elle mène composent la « couvée d'oiseaux », « *nossion* ». Ce terme grec provient de « *neossos* », le jeune oiseau. La poule, femelle du coq, est présentée comme celle qui va couver ses poussins[77]. S'exprime ainsi son rôle de protection maternelle. Cet animal va chercher à protéger ses poussins en recherchant l'unité comme *Christ* lui-même a prié pour l'unité dans le cadre de la prière sacerdotale sachant que le *Père* et lui forment un[78].

Au-delà de la force recherchée dans l'unité, l'objectif de la poule est d'éviter les répercussions de l'isolement d'un des poussins dont la vulnérabilité se traduit par sa petitesse face à un prédateur potentiel.

La couverture - S'il est communément admis que le coq a un port altier, la poule semble exprimer en revanche davantage de délicatesse. Cela se constate dans le fait de couver les œufs. En dépit de sa masse et de la fragilité des œufs, la poule arrive à exercer cette activité sans les casser et sans sourciller, avec une grande patience. La chaleur produite par le fait de couver, la nécessité de trouver une température adaptée pour permettre l'éclosion sont autant de qualités qui, chez la poule, témoignent d'une grande attention pour les petits en perspective.

On peut alors comprendre l'expression « maman poule » traduisant l'attitude d'une mère encline à surprotéger son enfant avec pour conséquence de développer chez ce dernier des incapacités ou un sentiment d'incapacité. Or, pour son évolution, l'enfant a besoin, en tenant compte de son âge, de pouvoir progresser ce qui implique une dynamique éducative évolutive et une prise progressive de ses responsabilités.

2°/ Les moyens à la disposition de la poule pour remplir sa mission

Pour remplir sa mission, la poule a besoin d'ailes, en grec « *pterux* ». Ce terme utilisé dans les livres de *Matthieu* et de *Luc* à propos de la poule couvant ses petits a été aussi employé pour parler des ailes d'êtres célestes[79].

Cette illustration de la poule couvant ses petits est très importante pour une femme enceinte. L'enfant est réchauffé dans le ventre de sa mère en vue de sa protection et

---

[77] - Luc, 13, 34.
[78] - Jean, 17, 1er et s.
[79] - Apocalypse, 4, 8.

de sa couverture. Ainsi, une femme enceinte devra-elle faire très attention par rapport à elle-même et par rapport à son ou ses bébés dans son sein. L'enfant doit être protégé des agressions extérieures qu'elles soient physiques, psychiques ou spirituelles. La finalité est de réunir les conditions utiles à une bonne croissance intra-utérine.

A l'évidence, il existe entre le coq et la poule des différences comportementales inhérentes à chacune de leurs activités respectives. La poule a la responsabilité de la ponte, de la couvée et du rassemblement des poussins. Elle veille à la production des œufs, à leur protection et, une fois les poussins nés, au suivi de leur marche. On note avec intérêt qu'elle est attentive aux besoins de ses petits dont elle suit étroitement l'évolution.

De surcroît, les ailes de la poule ont une symbolique spirituelle extrêmement forte. Le parallélisme dans la structuration des ailes montre l'existence d'une logique d'équilibre et de protection vis-à-vis d'un agresseur. Anatomiquement, l'aile est une partie d'un organe décomposé en deux parties symétriques permettant d'assurer un vol équilibré de l'animal. Cependant, à propos tant du coq que de la poule, ce sont des animaux ailés qui, comparativement à d'autres, volent occasionnellement.

Dans le Psaume (*Sepher Tehillim*), 91, 4, à propos d'*Elyon*, il est dit littéralement : « avec ses plumes, il fera un abri pour toi et sous ses ailes, tu te réfugieras, un grand bouclier et un lieu sûr sa vérité ». En hébreu, « *ebrah* » est l'aile d'un oiseau, généralement celle de l'aigle ou du vautour. Métaphoriquement, cela renvoie à l'aile de *Dieu*, au plumage et aux plumes. Or, notons que la poule couvant ses petits les place sous l'abri de ses ailes. Il y a dans cette protection une double dimension : la couverture et la douceur. Le petit est réchauffé alors que les plumes présentent un caractère soyeux. « Être sous les ailes de quelqu'un », c'est être sous sa protection.

Comme les poils, les écailles, les ongles, les griffes, les sabots, les plumes sont des phanères. Le plumage remplit la fonction de protéger le corps de l'oiseau contre l'eau, le froid, de permettre le vol et de se camoufler. Le phanère est une production tégumentaire (de *tegere* : couvrir – avec un tissu biologique permettant le revêtement extérieur du corps, peau, poils, cheveux, ongles, écailles, carapace, plumes) issue de l'ectoderme[80] et caractérisée par un taux élevé de kératinisation[81].

---

[80] - L'ectoderme se décompose de « *ektos* » (« à l'extérieur ») et de « *derma* » (« peau »). Une référence explicite est faite à une peau extérieure ou à ce qui est extérieur à la peau. De l'ectoderme, dérivent la portion externe du tégument, un certain nombre de glandes, le système nerveux, les organes du sens.

Dans le verset précité, « *kanaph* » renvoie à l'« aile », à l'« extrémité », au « bord », à la « bordure », au « coin » et à la « frange d'un vêtement ». La racine primaire « *kanaph* » est tout autant le « fait d'être caché à la vue », d'« être dans une encoignure ». Les poussins vont ainsi se cacher sous les ailes de la poule, protégés d'un éventuel prédateur.

Peut-on alors comprendre, dans le Psaume (*Sepher Tehillim*), 91, 1er, l'intérêt d'habiter dans la cache d'*Elyon*, à l'ombre de *Shaddaï*. Le terme hébreu « *cether* » est la « couverture », l'« abri », le « lieu caché », la « discrétion », le « refuge », la « protection ». Il y a une double dimension de mystère et de protection. L'*Eternel* place le croyant sous ses ailes comme la poule couvrant ses poussins, les ailes permettant simultanément d'accéder à un lieu secret et d'y être protégé.

« *Cether* » provient de « *cathar* », en l'occurrence « cacher », « dissimuler », « se cacher », « être caché », « être dissimulé », « cacher soigneusement », « être caché soigneusement », « se cacher avec soin ». Le poussin caché soigneusement sous les ailes de la poule va se blottir contre elle, à la recherche de réconfort. Il s'agit de l'image du croyant venant se placer, se cacher au-dedans de la personne de *Dieu* pour y chercher et trouver refuge. Ainsi, selon la traduction littérale interlinéaire, « *Elohim* est pour nous refuge et force, secours dans les détresses, trouvé beaucoup »[82].

Outre la cache et le refuge, la dimension de l'ombre (« *tsel* ») du puissant (« *Shaddaï* ») est tout aussi capitale. Pour recevoir la protection, une puissance agissante est utile, celle de la parole de *Dieu* associée au *Saint-Esprit* pour être placé là où on ne peut être vu ou attrapé par l'ennemi. Il s'agit aussi, selon les instructions divines, de se mettre en position pour attaquer l'ennemi selon la stratégie déclinée par *Dieu*.

---

[81] - La kératine est une substance qui est le constituant principal des poils, des cheveux, des plumes, des ongles, des sabots et des cornes.
[82] - Psaumes (*Sepher Tehillim*), 46, 2 : « *Elohim lanu mashaseh vo'oz ezrah betsarot nimtsa me'od* ».

Chapitre II - Le coq dans la dimension spirituelle

L'analyse portée sur le coq ne saurait se cantonner à l'ordre du naturel au regard des enseignements susceptibles d'être dégagés du comportement de cet animal. D'abord, il ne fait pas de doute qu'il répond à la fonction d'annoncer l'arrivée d'un jour nouveau (Section 1). Toutefois, l'inclination à se référer au coq dans la dimension spirituelle (Section 2) doit se faire avec discernement car il convient de distinguer entre une réalité biblique et une autre méphistophélique.

Section 1 – L'annonce d'un jour nouveau

A l'aube, le chant du coq annonce l'avènement d'un jour nouveau. Comparativement, le psalmiste déclare littéralement : « Celui-ci est le jour qu'a fait *YHWH*, que nous jubilions et que nous nous réjouissons en lui »[83]. Il y a une réjouissance dans le fait de voir un jour nouveau. Cela intègre une certaine forme de contemplation devant l'œuvre créatrice divine d'autant qu'*Elohim* créa le jour et la nuit.

En conséquence, l'annonce d'un jour nouveau au moyen du chant du coq exprime principalement les choses suivantes au plan spirituel : le passage des ténèbres à la lumière et la séparation entre la lumière et les ténèbres (§ 1) d'une part, et le réveil de son sommeil (§ 2) d'autre part.

§ 1 – Le passage des ténèbres à la lumière et la séparation entre la lumière et les ténèbres

Est prêtée au coq l'intelligence consistant en la distinction entre la lumière naissante et la sortie des ténèbres. De même que le coq crie le matin, de même que *Jésus-Christ* est présenté comme l'« étoile brillante (resplendissante) du matin » (« *astêr o lampros o proïnos* »)[84]. Or, *Christ* est la lumière qui, dans les ténèbres, brille (« *fôs èn tê skotia phainei* »), sachant que les ténèbres ne la saisissent pas (ne la reçoivent, ne la comprennent pas)[85].

Déjà, dans l'œuvre de la création, la distinction entre la lumière et les ténèbres et le principe de séparation entre les deux sont deux données spirituelles incontournables

---

[83] - Psaumes (*Sepher Tehillim*), 118, 24.
[84] - Apocalypse, 22, 16.
[85] - Jean, 1er, 5.

(A). Par conséquent, un choix est à opérer entre les deux, à savoir entre le bien et le mal, entre *Jésus-Christ* et le diable (B).

A – La distinction entre la lumière et les ténèbres et le principe de séparation entre les deux

En un commencement, créa *Elohim* les cieux et la terre[86]. Et, la terre était vide et néant (informe et vide – « *tohu vo-bohu* »), une obscurité (« *shoshek* ») existait sur la face de l'abime (« *tehom* ») et le souffle (*Esprit* – « *rouah* ») d'*Elohim* planait sur la face des eaux (« *mayim* »)[87].

La bible indique l'existence, à la face de l'abime, de l'obscurité. Les ténèbres dominent l'abime, c'est-à-dire l'endroit singularisant la chute. Mais, dans ces obscurs méandres, la bonne nouvelle résidait dans la présence du *Saint-Esprit* planant sur la face des eaux. Cette domination de l'*Esprit* sur l'abîme et sur l'obscurité est essentielle à la compréhension de l'œuvre divine. L'accès à la lumière s'associe naturellement comme spirituellement à l'accession à la vie. En *Elohim*, *Jésus-Christ* existait déjà en tant que premier-né de la création. Sa présence ne saurait être contestée au moment de la constitution des cieux et de la terre. Ainsi, la lumière dont il s'agit dans Genèse (*Berechit*), 1er, 3, procède du dire de *Dieu* et a consisté à instaurer les luminaires.

1°/ La notion de lumière

L'instauration de la lumière, en hébreu « *or'* », n'intègre pas uniquement une dimension propre à la science physique, mais procède d'une essence spirituelle. *Dieu* est lumière, *Jésus-Christ* aussi. Ainsi, la lumière fait partie intégrante de la divinité au point de l'assimiler à la lumière elle-même.

Si la lumière traduit l'éclat, la magnificence, le fait pour une chose de luire, de briller, elle s'exprime également dans les œuvres d'*Elohim* dans le cadre de la *Création* et en *Jésus-Christ*. C'est pourquoi, par la lumière divine, donc la parole de *Dieu*, le croyant voit la lumière, c'est-à-dire reçoit la révélation, la connaissance. En effet, avec *Elohim*, « la source de la vie » (« *meqor hayim* »), « dans ta lumière, nous voyons la lumière » (« *be-orkha nireh 'or* »)[88]. Cette vie permet de porter un regard sur les

---

[86] - Genèse (*Berechit*), 1er, 1er.
[87] - Genèse (*Berechit*), 1er, 2.
[88] - Psaumes (*Sepher Tehillim*), 36, 10.

réalités spirituelles comme *Jésus-Christ* qui, au chant du coq, regarda *Pierre*, mettant en lumière la réalité de son cœur.

En conséquence, la lumière est nécessairement une traduction de vie. L'établissement de celle-ci permet d'ailleurs la photosynthèse, synthèse organique, réalisée par les végétaux chlorophylliens à partir du gaz carbonique et dans laquelle la compensation énergétique est apportée par l'énergie lumineuse captée par la chlorophylle. De même, l'expérience montre que lorsque les animaux sont maintenus dans une zone de ténèbres durablement, ils perdent la vue. Il y a donc naturellement une corrélation entre la lumière et la vue, entre la lumière et la vision perceptible. Cela est valable aux plans naturel et spirituel.

Si biologiquement, l'absence de lumière produit la cécité, une telle réalité existe pour les incroyants. En effet, l'accès à la lumière passe par la connaissance de l'image de *Dieu* garantie par la parole et par le *Saint-Esprit* de *Dieu*. De ce fait, il est intimement lié à l'image et à la ressemblance de *Dieu* et présente une grande importance quant à la personnalité d'un individu. Les activités de lumière se manifestent au travers des œuvres concordantes à la parole de *Dieu* et celles des ténèbres s'expriment au travers des œuvres non conformes à la bible.

La notion de lumière présente alors une large acception. *Primo*, la lumière intéresse la divinité, à savoir le *Père céleste*, *Jésus-Christ* et le *Saint-Esprit*. Au-dessus des ténèbres, la lumière jaillit, témoignant de l'action divine révélatrice, inspiratrice dans le cadre de l'œuvre de la création et au-delà. *Deuzio*, elle touche aux aptitudes spirituelles à l'instar de la sagesse, de l'intelligence, de la connaissance, de la crainte de *YHWH*, de la justesse dans l'interprétation des choses, des écritures, des évènements. Parfois même, les éléments de la nature permettent de dégager spirituellement l'herméneutique des choses, des circonstances et des comportements. Il s'agit pour *Dieu* de donner à l'homme un éclairage comme il le fit pour *Pierre* lorsque le coq se mit à chanter. La lumière apparaît comme l'aide accordée par le *Créateur* à l'être humain.

2°/ La nécessaire séparation entre la lumière et les ténèbres

Certains auraient pu penser que le chant du coq fût un évènement fortuit. En réalité, il n'en est rien car le message donné à *Pierre* était là, non pour le condamner irrémédiablement, mais pour qu'il se ressaisisse après le constat de son état spirituel.

C'est en ce sens qu'il faut comprendre la réaction de *Jésus-Christ* quand *Pierre* avait refusé la parole selon laquelle *Christ* allait souffrir. *Jésus-Christ* lui dit ouvertement : « Arrière de moi, *Satan* » à cause des pensées humaines animant *Pierre*[89].

Ainsi, ce dernier a eu sa période où, alors qu'il était accompagné spirituellement de la lumière, il ne voyait pas à cause de son mauvais caractère, de son état non régénéré, de son intempérance, de son impétuosité, prêt à suivre le *Seigneur* en parole mais, en action, se positionnant en arrière au moment où les choses sérieuses commencent à se manifester au point de renier trois fois *Christ*. Le cri du coq ramena à sa mémoire la parole de *Jésus-Christ*. Il y avait chez *Pierre* la révélation d'un état de pécheur. Il fallait passer, par la foi et par la repentance, des ténèbres à la lumière *via* le brisement de son caractère présomptueux et impétueux.

Mais, le tableau de ce *Pierre*, non encore régénéré, n'est pas la vision en perspective que *Jésus-Christ* avait pour lui. Outre ses aptitudes, ses dispositions qu'il fallait maîtriser, c'est également celui ayant reçu la révélation que *Jésus* est le *Christ*. C'est encore lui, et personne d'autre, qui eût le courage de s'avancer sur les eaux pour rejoindre *Jésus-Christ* tant qu'il avait le regard fixé sur ce dernier. Et, *Christ* a prié pour lui parce que le diable le réclamait et voulait le cribler comme le froment. Il était aussi présent au moment de la transfiguration (« *metamorfoo* »), voyant l'éclat lumineux du vêtement de *Christ* démontrant aux disciples présents la nécessité d'une transformation spirituelle[90].

Pourtant, c'est à ce même *Pierre* qu'il déclare : « Et moi, je te dis que toi, tu es *Pierre*, et sur cette pierre je bâtirai mon église et les portes de l'enfer ne seront pas fortes contre elles »[91]. Il ajouta : « Je te donnerai les clés du *Royaume des cieux* et ce que tu lieras sur la terre sera ayant été lié dans les cieux et ce que tu délieras sur la terre sera ayant été délié dans les cieux »[92].

C'est encore à l'apôtre *Pierre* que fut donnée la révélation des dimensions des pierres[93]. Il lui fallait passer des ténèbres, période où il a contesté avec *Jésus-Christ*, à la lumière après une « *metanoïa* » qui allait commencer par des pleurs amers après le chant du coq.

---

[89] - Matthieu, 16, 23 ; Marc, 8, 33.
[90] - Matthieu, 17, 1er et s.
[91] - Matthieu, 16, 18.
[92] - Matthieu, 16, 19.
[93] - I Pierre, 2, 4 à 8.

S'il y a un passage entre les ténèbres et la lumière, cela veut dire que les deux mondes sont distinctement divisés. La séparation entre la lumière et les ténèbres est spatio-temporelle dans la mesure où elle s'inscrit dans un espace et une chronologie bien déterminés. Continuellement, une partie du globe terrestre est éclairée, l'autre dans l'obscurité, distinguant le jour et la nuit. La bible opère une démarcation entre ces deux périodes, le grand luminaire présidant au jour avec le soleil et le petit luminaire présidant à la nuit avec la lune[94]. La lumière est plus importante en plein jour avec le soleil et moindre la nuit avec les étoiles[95]. Le grand luminaire, le petit luminaire et les étoiles sont des astres mis par *Elohim* dans la voûte pour éclairer la terre[96]. Donc, d'une manière ou d'une autre, la volonté de *Dieu* est qu'il y ait de la lumière sur la terre.

Cependant, le passage entre les ténèbres et la lumière n'est pas seulement une donnée spatio-temporelle, mais encore spirituelle. Le désir divin est que l'être humain saisisse cette lumière (la parole de *Dieu*), la comprenne et qu'elle pénètre dans la terre, à savoir au-dedans de lui. Il veut éclairer la terre par la révélation de sa parole puisque la terre soupire après la révélation des fils de *Dieu*[97]. *In fine*, il y a dans l'œuvre de la *Création* un aspect physique, biologique, d'essence spirituelle, susceptible d'être appréhendé en esprit grâce à l'*Esprit*.

En créant le jour (« *yom* ») et la nuit (« *layelah* »), *Elohim* sépara la lumière (« *or'* ») de l'obscurité (« *shoshek* ») et il vit qu'une telle séparation fut bonne (« *tobh* »)[98]. Cette œuvre, que l'on se place dans la perspective chronologique et spatiale de distinction entre le jour et la nuit ou dans l'optique de démarcation des œuvres de lumière et de celles des ténèbres, est un principe de fonctionnement divin. De même que l'homme doit discerner le jour de la nuit, c'est de la même façon qu'il doit distinguer la lumière des ténèbres. La séparation est à réaliser vis-à-vis du péché, des mauvaises fréquentations[99], des moqueurs[100], les œuvres de la chair afin de ne pas y participer. Elle implique de ne faire de mauvaises alliances et de ne toucher à rien d'impur[101]. En effet, *Dieu* est lui-même lumière et il n'y a point de ténèbres en lui.

---

[94] - Genèse (*Berechit*), 1er, 15.
[95] - Genèse (*Berechit*), 1er, 16.
[96] - Genèse (*Berechit*), 1er, 17.
[97] - Romains, 8, 19.
[98] - Genèse (*Berechit*), 1er, 18.
[99] - Proverbes (*Mishlei*), 1er, 10 et s.
[100] - Psaumes (*Sepher Tehillim*), 1er, 1er.
[101] - II Corinthiens, 6, 14 à 18.

Là encore, le chant du coq avait permis le rappel à *Pierre* du fait qu'il n'avait pas opéré la séparation entre les œuvres de justice et celles des ténèbres. Il entendait les paroles de *Dieu* mais, dans le même temps, il alternait les pensées conformes à la volonté divine et d'autres impropres à cette dernière. Contestant avec *Jésus-Christ*, il n'avait pourtant pas respecté le principe de séparation entre la lumière et les ténèbres. Cela a été l'une de causes de son péché. Le cri du coq appelait *Pierre* à prendre conscience de son état et à changer de voie.

Il fallait que ce dernier ait du discernement pour démarquer les activités des ténèbres de celles de la lumière. L'intervention du coq conforte l'idée selon laquelle une rupture avec un système ténébreux était utile pour lui permettre d'entrer dans sa destinée. Bien plus, le discernement des esprits intègre les aptitudes spirituelles accordées par *Dieu*[102] sachant que la sagesse conduit au bénéfice d'une telle capacité[103]. Le discernement des esprits (« *diakriseis pneumaton* ») incorpore, avec la parole de sagesse et la parole de connaissance, les dons de révélation.

Dans le même sens, le prophète *Yirmeyahou*, divinement inspiré, annonça littéralement (version interlinéaire) que : « Le peuple (« *am'* »), ceux qui vont dans l'obscurité (« *shoshek* »), a vu une lumière grande (« *or' gadol* ») et les habitants (« *yoshevei* ») dans le pays de l'obscurité profonde (« *tsalmavet* »), une lumière a brillé sur eux »[104].

3°/ La notion de ténèbres

Au plan sémantique, ce verset emploie deux termes différents pour parler des ténèbres.

Shoshek - « *Shoshek* » fait référence aux « ténèbres », à la « nuit », aux « calamités » et à l'« ignorance de ce qui est caché ». Il est question à la fois des ténèbres, d'un lieu caché et d'une méconnaissance d'une chose existante. Le lien commun entre les trois est le fait de ne pas voir. « *Shoshek* » provient du verbe « *shashak* » traduisant les réalités suivantes : « être sombre », « devenir sombre », « lumière qui faiblit », « être noir », « être caché », « être de couleur sombre », « cacher », « obscurcir », « confondre ». En l'absence de lumière, les ténèbres se manifestent dans trois dimensions : le noir physiquement constatable, la cachette et l'ignorance. Dans tous

---

[102] - I Corinthiens, 12, 10.
[103] - Proverbes (*Mishlei*), 8, 12.
[104] - Esaïe (*Yirmeyahou*), 9, 1er.

les cas, la lumière sert à éclairer les ténèbres, à révéler ce qui est caché et à faire sortir de l'ignorance.

A défaut de lumière, il est difficile de bien percevoir les choses cachées à cause de l'obscurité. La lumière qui faiblit est le signe d'une lampe qui s'éteint. Outre le fait de ne pas voir, il y a un risque de confusion qu'enlève l'action du *Saint-Esprit*. Les chemins de la droiture (« *arshot yosher* ») se distinguent des chemins de l'obscurité (« *darkei shoshek* »)[105].

Tsalmavet – Le terme hébreu « *tsalmavet* » se réfère à l'« ombre de la mort », à l'« ombre profonde », aux « profonds ténèbres » traduisant, au sens figuré, une « détresse », un « danger extrême ». Il se décompose de « *tsel* », « ombre », « ombrage » et de *maveth*, à savoir « mourir », « mortel », « royaume de la mort », la « mort personnifiée », l'« état de mort », le « lieu de mort ».

« *Tsel* » émane de « *tsalal* », « être sombre », « devenir sombre », « venir dans l'ombre », « ombrager ». « *Tsalal* » est tiré de « *tselem* », en l'occurrence l'« image ». En effet, quand une personne est dans l'obscurité, elle ne voit pas l'image. De même, spirituellement, une personne dans les ténèbres ne voit pas l'image de *Dieu*. « *Maveth* » vient de « *muwth* », à savoir « mourir », « tuer », « exécuter », « périr », « mettre à mort », « être tué », « être mis à mort ».

S'il est vrai que la distinction entre la lumière et les ténèbres est intangible dans la mesure où il n'y a point de ténèbres en *Dieu*, il existe cependant dans la bible une présentation distinctive des ténèbres en raison des degrés différents d'obscurité. Ainsi, une révélation reçue peut être partielle et ne dit pas forcément tout. L'objectif de *Dieu* est fixé, mais les modalités pour y parvenir ne sont pas forcément visibles dans l'immédiat pour l'intéressé(e).

Physiquement, il peut y avoir dans certains endroits, à un moment donné, une obscurité partielle où une personne arrive à entrevoir quelque chose sans être capable forcément de la définir, à l'instar de l'ombre ou de l'ombrage. Mais, il y a également une obscurité totale où un individu ne voit rien du tout avec des risques de chutes, de se cogner, de buter sur un obstacle difficilement ou non perceptible.

En revanche, la lumière de *Dieu* permet d'octroyer à l'individu une exacte représentation de la personne de *Dieu* au travers de *Jésus-Christ* et par l'action du

---

[105] - Proverbes (*Mishlei*), 2, 13.

Saint-Esprit. Il épouse l'image du *Créateur*. Alors, la vie et, au-delà, la vie de *Dieu*, habite en son sein. *Jésus-Christ* est venu donner la vie et la vie en abondance[106].

B – Le choix entre la lumière et les ténèbres

Si le cri du coq se fait entendre dans le silence, c'est aussi dans le silence que l'on entend la voix de *Dieu*. Le coq annonce naturellement le passage des ténèbres à la lumière. L'*Eternel* met devant chaque être humain la vie et la mort, la bénédiction et la malédiction, mais avec la ferme recommandation de choisir la vie. Le bon choix va consister à passer par la croix (1) et par la révélation (2).

1°/ Le passage des ténèbres à la lumière par la croix

Comme tout un chacun, *Pierre* avait un choix à effectuer entre conserver un caractère difficile, contestataire, impétueux, orgueilleux ou bénéficier d'une personnalité autre en phase avec l'image de *Christ*.

Automatiquement, le passage des ténèbres à la lumière advient dans le cadre d'une mutation spirituelle allant des œuvres de la chair vers celles de l'*Esprit* au moyen de la crucifixion[107]. Le positionnement de la croix entre les deux atteste du cheminement que doivent suivre les disciples et par lequel *Christ* est lui-même passé.

Suite à l'énumération des œuvres de la chair et celle de l'*Esprit*, la bible indique que ceux qui sont en *Christ* ont mis en croix la chair avec ses passions (« *pathemasin* ») et ses désirs (« *epithumiais* »)[108]. *Pierre*, ayant vécu les événements inhérents à la crucifixion, avait par ce truchement à apprendre de *Christ* même à ce moment précis. Ce dernier avait été maltraité, humilié sans ouvrir sa bouche comme une bête de petit bétail. Vers l'abattoir, il a été conduit et comme une brebis en face de ceux qui la tondent et qui se tait, il n'ouvrit point la bouche[109]. A travers cet exemple, il fallait que *Pierre* reçoive le brisement avant d'accueillir, dans la chambre haute, le *Saint-Esprit* pour ensuite annoncer pleinement la parole de *Dieu*.

---

[106] - Jean, 10, 10.
[107] - Galates, 5, 16 à 23.
[108] - Galates, 5, 24.
[109] - Esaïe (*Yeshayahou*), 53, 7.

Le passage des ténèbres à la lumière est une condition *sine qua none* de la percée spirituelle. A cet effet, il convient d'être dans la lumière, dans la parole de *Dieu*, afin d'être éclairé.

Déjà chez les romains, le jour commence vers le milieu de la nuit « *ad gallicinium* », c'est-à-dire au chant du coq. L'aube est le moment où la lumière chasse les ténèbres comme *Jésus-Christ* lui-même a chassé les démons et a demandé à ses disciples, aux croyants d'en faire autant. Bien sûr, cela est possible à condition de marcher dans la sanctification pour éviter que les représailles de l'ennemi ne produisent leurs effets. Physiquement, l'apparition du grand luminaire, le soleil, permet d'éclairer l'endroit antérieurement dans les ténèbres. Le coq annonce un moment de transition : le passage des ténèbres à la lumière. Ainsi, la parole de *Dieu* requiert, pour ceux qui ne sont pas en *Christ*, d'amorcer une transition spirituelle dans le sens des ténèbres vers la lumière.

2°/ Le passage des ténèbres à la lumière par la révélation

La bible indique explicitement au sujet des croyants, « vous étiez autrefois ténèbres et vous êtes maintenant lumière dans le *Seigneur* » d'où la recommandation de se conduire comme des enfants de lumière[110]. Or, le fruit de la lumière est la bonté, la justice, la vérité avec le discernement de ce qui est agréable au *Seigneur* et une non-participation aux œuvres stériles des ténèbres qu'il convient plutôt de désavouer[111].

Le passage des ténèbres à la lumière transpire dans le cadre de la révélation ou de la perception des choses au travers d'une intuition spirituelle. Il y a une connexion spirituelle qui s'opère car toute chose cachée (« *sugkekalumménon* ») sera révélée (« *apokaluphthésetaï* ») et ce qui est secret (« *krupton* ») sera connu (« *gnosthésétaï* »)[112]. Tout ce qui est dans les ténèbres (« *skotia* ») sera entendu à la lumière[113].

Si « *sugkekalumménon* » renvoie à ce qui est « voilé », « couvert », « *apokalupto* » est « le fait de découvrir », « de dévoiler ce qui est voilé ou recouvert », « de révéler », « de mettre à nu », « de faire connaître », « de manifester », « de révéler ce qui est inconnu ». L'accès à la connaissance par la révélation et l'intuition spirituelles est une expression de la transition entre la lumière et les ténèbres.

---

[110] - Ephésiens, 5, 8.
[111] - Ephésiens, 5, 9 à 11.
[112] - Luc, 12, 2.
[113] - Luc, 12, 3.

Dans un ordre d'idées similaires, « *kruptos* » évoque ce qui est « caché », « secret », ce qui n'est pas évident ou apparent. Il vient du verbe primaire « *krupto* » signifiant « cacher », « être caché ». « Ainsi, personne n'allume une lampe pour la mettre dans un lieu caché (« *krupte* ») ou sous le boisseau, mais on la met sur le chandelier afin que ceux qui entrent voient la lumière »[114]. Le « *krupte* », rendu par « lieu caché », est la « crypte », le « chemin couvert », la « voûte », la « cave », le « caveau ».

Les verbes « *ginosko* » employés dans les versions grecques dans Luc, 12, 2, signifient « apprendre à connaître », « venir à la connaissance », « obtenir une connaissance », « savoir », « comprendre », « avoir la connaissance de », « devenir au courant de », « apercevoir », « percevoir », « sentir ». Il peut s'agir d'une connaissance acquise par l'enseignement, par l'étude personnelle, par la révélation, par l'intuition ou par l'expérience.

Ainsi, *Eloha* a la capacité de faire briller sa lampe sur la tête du croyant et lui permet d'aller à sa lumière dans l'obscurité (« *shoshek* »)[115]. C'est la présence de *Dieu* qui permit au visage de *Mosheh* de rayonner en témoignage de la gloire du *Créateur* descendue sur lui.

Le chant du coq au matin n'est pas sans évoquer une certaine forme d'appel. La bible fait du chrétien une race élue, royale, communauté sacerdotale, nation sainte, peuple pour acquisition, pour proclamer les vertus de celui qui nous a appelés des ténèbres à son admirable lumière[116]. Lorsque le coq a chanté au moment du troisième reniement, il s'agissait pour *Pierre* d'un appel à la repentance, à la sanctification, à suivre *Christ* et à se préparer à entrer dans son ministère. C'était tout cela à la fois.

Si l'amour en hébreu se dit « *ahabah* » et touche à toute sorte d'amour, quels qu'en soient le degré et la nature, les textes grecs établissent la distinction entre types d'amour, l'amour « *agapao* » et l'amour « *phileo* »[117]. Assurément, *Jésus-Christ* lui avait pardonné son triple reniement à tel point qu'il lui montra l'intérêt à servir. En effet, *Dieu* est capable d'opérer la transformation durant le service. Ainsi, *Pierre* avait-il probablement à guérir de la honte par rapport au péché.

---

[114] - Luc, 11, 33.
[115] - Job (*Iyov*), 29, 3.
[116] - I Pierre, 2, 9.
[117] - Dans le grec ancien, quatre termes étaient généralement utilisés pour évoquer l'amour : « *agapé* », « *phileo* », « *eros* », « *storgé* ».

Les versions grecques illustrent de ce que *Jésus-Christ*, posant à trois reprises la question « m'aimes-tu », le fit deux fois en référence à « *agapao* » et une fois en employant « *phileo* ». Certains y ont vu qu'il s'agissait de montrer à *Pierre* qu'il n'était pas parfait dans l'amour au regard de la distinction entre les deux types d'amour[118]. Cependant, même si « *phileo* » a été employé pour manifester l'attachement voire le baiser de *Judas* et « *agapao* » l'a été le plus souvent pour parler de l'amour de *Dieu* (chez les grecs il s'agit de l'amour universel), le recours à « *phileo* » pour l'amour de *Dieu* existe également[119]. D'ailleurs, l'amour de *Dieu* pour les hommes est « *philanthropia* » (« *phileo* » et « *anthropos* »)[120] et l'amour entre les frères est « *philadelphia* » (« *phileo* » et « *adelphos* »).

Ceci étant dit, il fallait un *Pierre* totalement renouvelé pour recevoir, de la part de *Christ*, les clés du *Royaume des cieux*. Ainsi, dans le cadre d'une évangélisation, trois mille âmes ont donné leur vie au *Seigneur Jésus-Christ*[121]. Cette clé a été aussi donnée pour les païens dans la mesure où l'ange de l'*Eternel* l'interpella sur la possibilité de manger des mets que, normalement en *Israël*, on ne mange pas. Il ne fallait pas qu'il considère impur ce que *Dieu* a considéré comme pur. Il lui fallait nécessairement le renouvellement de l'intelligence pour aller vers les païens et concevoir que le salut leur était destiné[122].

De même que le coq chante pour signifier particulièrement le passage des ténèbres à la lumière, le croyant est appelé à sortir des ténèbres pour aller vers la lumière. A ce titre, la parole de *Dieu* joue un rôle central en tant que lampe à nos pieds et lumière sur nos sentiers. Le commandement (« *mitswoh* ») est une lampe (« *ner* »), la loi (« *torah* ») une lumière et les avertissements de l'instruction (« *mousar* ») un chemin de vie (« *derek hayim* »)[123]. La parole de *Dieu* est la vie, la lumière brillant dans les ténèbres, la véritable lumière éclairant tous les hommes[124]. C'est la raison pour laquelle l'ouverture de la parole éclaire et donne de l'intelligence aux simples[125].

Le coq par son cri strident a interpellé *Pierre* tant sur des réalités spirituelles que sur le danger spirituel. Or, la foi (« *pistis* ») est la garantie (« *upostasis* ») des biens espérés (« *èpidzoménon* »), la démonstration (« *èlegkhos* ») des réalités

---

[118] - Jean, 21, 15 et s.
[119] - Jean, 5, 20.
[120] - Tite, 3, 4.
[121] - Actes, 2, 41.
[122] - Actes, 10, 1er et s.
[123] - Proverbes (*Mishlei*), 6, 23.
[124] - Jean, 1er, 4, 5 et 9.
[125] - Psaumes (*Sepher Tehillim*), 119, 130.

(« *pragmaton* ») non vues[126]. Le coq avait alerté *Pierre* sur des réalités spirituelles qu'il n'avait pas réalisées, la foi consistant, dans son cas, à prendre conscience de son état en vue du changement.

§ 2 – L'assimilation de la résurrection des morts au réveil du sommeil

Spirituellement, les questions de l'endormissement et de la mort sont corrélées. Dans l'*Ancien Testament*, particulièrement dans le livre de *Daniel*, il est dit que celui qui se trouve inscrit dans le livre échappera et de nombreux d'entre les endormis du sol de la poussière se réveilleront pour la vie de toujours et les autres pour les insultes et une horreur de toujours[127]. Ici, le verbe « *quwts* » signifie « réveiller », en somme « ressusciter ». Par contre, lorsqu'il fallait réaliser une œuvre divine, il était nécessaire que les esprits des concernés soient réveillés et le verbe « *uwr* » a été utilisé pour réveiller l'esprit du roi de *Perse Cyrus*[128] et celui de *Zerubabel*[129].

Cette corrélation transparaît dans le *Nouveau Testament* également. Lorsque *Lazare* mourut, suite à une maladie, *Jésus-Christ* annonça qu'il était endormi (« *kekoimetaï* ») et qu'il allait pour le réveiller (« *exupniso* »)[130]. Assurément, les disciples pensaient qu'il s'agissait d'un réveil normal faisant suite au repos du sommeil (« *koimèseos toû upnou* »)[131]. Mais, parlant avec franchise, *Jésus-Christ* leur annonça la mort de *Lazare* (« *apethanein* »)[132]. L'assimilation de la mort au sommeil implique *ipso facto* celle de la résurrection au réveil.

Quand le coq chante le matin, la plupart des personnes sont en train de dormir, à l'exception de ceux veillant pour une raison ou une autre (veille spirituelle, veille pour des raisons professionnelles…) ou de ceux se levant très tôt le matin. Mais, à un moment donné, il faut bien se réveiller.

De même que le coq annonce le lever du soleil, l'arrivée de la lumière, spirituellement cet évènement n'est pas sans rappeler l'intérêt d'un réveil spirituel (A) et, par conséquent, celui de la résurrection (B).

---

[126] - Hébreux, 11, 1er.
[127] - Daniel, 12, 2 et 3.
[128] - Esdras (*Ezra*), 1er, 1er et 5 ; II Chroniques, 36, 22.
[129] - Aggée (*Haggaï*), 1er, 14.
[130] - Jean, 11, 11.
[131] - Jean, 11, 13.
[132] - Jean, 11, 14.

A – Le réveil spirituel

L'endormissement produit un état d'inconscience par lequel un individu ne ressent rien ou peu de choses, n'entend rien sauf si un bruit assourdissant déchirant le silence l'amène à se réveiller. Il y a une impossibilité à saisir son environnement immédiat. Pour être éveillé, il faut d'abord être réveillé.

A ce propos, l'intervention du coq au lever du jour vise à réveiller les esprits endormis en vue de l'amorce d'une nouvelle journée. A cet effet, le chant du coq est comparable à une trompette retentissante, à un avertisseur sonore.

1°/ L'intérêt du réveil

Le réveil permet de sortir d'un état d'inconscience pour aller vers un état de perception consciente des choses. Ainsi, pour pouvoir accéder à sa bénédiction, il fallait qu'*Adam* sorte de son sommeil après une opération chirurgicale divine. Il s'est alors réjoui de ce que *YHWH-Elohim* lui accorda une épouse[133]. Pour faire cela, *YHWH-Elohim* fit tomber *Adam* dans un profond sommeil.

En l'espèce, ce sommeil n'avait pas de fonctions réparatrices et restauratrices inhérentes au repos suite à un coup de fatigue. En revanche, il visait à anesthésier en vue d'une opération consistant en une extraction organique sans que l'opéré n'en ressente la douleur au moment de l'intervention. Au surplus, en raison de son état d'inconscience, *Adam* devait attendre l'action divine pour en constater le résultat sans ne rien maîtriser.

Dans le texte hébraïque, le profond sommeil, l'assoupissement, la catalepsie se disent « *tardemah* ». La catalepsie, du grec « *katalepsis* », littéralement l'« action de saisir » ou l'« attaque », est une suspension complète du mouvement volontaire des muscles pour se retrouver dans une position d'inertie. C'est une position figée correspondant à celle d'un patient resté sans mouvement pendant plusieurs heures, le temps nécessaire à la réalisation de l'opération chirurgicale.

Le réveil d'*Adam* a été accompagné d'une nouvelle vision, le fait de voir sa femme et la perspective du mariage. Sachant que le passage du sommeil au réveil reflète un

---
[133] - Genèse (*Berechit*), 2, 21 à 23.

changement d'état physiologique, ce changement se joint à une modification de statut perceptible au plan spirituel. Celui qui sort de son sommeil acquiert une nouvelle perception de sa bénédiction avec la réalisation du plan de *Dieu* pour lui.

Physiquement, l'homme n'était plus dans un positionnement couché, avec léthargie, mais se retrouve debout dans le cadre de ses responsabilités et du déploiement de ses activités. Le réveil associé à la concrétisation de la vision divine produit la joie du bénéficiaire de la grâce divine.

2°/ Les conditions du réveil

L'apôtre *Paul*, dans l'épître aux *Romains*, nous dit : « La nuit est avancée, le jour s'est approché. Rejetons donc les œuvres des ténèbres et revêtons au contraire les armes de la lumière »[134].

Ce verset enseigne principalement deux choses. *Primo*, il évoque un temps précis, celui de la nuit avancée et de l'arrivée du jour. Or, c'est l'instant privilégié où chante le coq. *Deuzio*, la mise à l'index des péchés de *Pierre* via le chant du coq indique une annonce spirituelle. De même, le passage de la nuit au jour implique le rejet des œuvres des ténèbres, du péché, pour adopter un vêtement spirituel différent propice à l'accès à la vie. Le rejet des œuvres des ténèbres s'inscrit dans une perspective de substitution, en pourvoyant un revêtement nouveau qualifié d'« armes de la lumière » (« *opla toû photos* »).

C'est alors une nouvelle photographie spirituelle se présentant à l'individu transformé car il faut, « en plein jour » (« *èn èmera* ») convenablement se conduire, loin des ripailles, des soûleries, des coucheries, des débauches, des querelles, des jalousies[135], en l'occurrence loin des œuvres charnelles. A l'évidence, les œuvres de la chair intègrent celles des ténèbres (« *orga toû skotous* ») et il convient de s'en débarrasser en vue d'une conduite convenable en plein jour, à la lumière. C'est pourquoi l'apôtre *Paul* ajoute de se revêtir du *Seigneur Jésus-Christ* et de ne pas réaliser la préoccupation de la chair en vue des convoitises[136].

Pour le réveil spirituel tant individuel que collectif, se combinent la rupture par rapport aux œuvres charnelles et le fait de revêtir *Jésus-Christ*. Ainsi, *Zekharia*

---
[134] - Romains, 13, 12.
[135] - Romains, 13, 13.
[136] - Romains, 13, 14.

affirma : « Et revint le messager (« *malak* » : ange), celui qui parlait avec moi et il m'éveilla comme un homme qui s'éveille de son sommeil »[137]. Il eût été utile que son esprit soit disposé à entendre la parole de *Dieu* et, pour ce faire, il fallût un réveil individuel avec une conscience de l'oracle divin, condition indispensable à la bonne compréhension des choses.

Il vit alors un candélabre d'or (« *menorat zahav* »), symbole de la présence sainte et purificatrice de *Dieu* avec un réservoir dans la partie supérieure (littéralement « sur sa tête » : « *al roshah* »), sept lampes sur lui et sept conduits pour les lampes[138]. Il y avait un réservoir servant à soutenir les lampes (la parole), l'huile contenue en son sein représentant le *Saint-Esprit*. La lumière qui se dégage de la lampe constitue aussi la parole de *Dieu*. La présence de *Dieu* permet de relever la mobilité du l'*Esprit-saint* dans l'objectif de vitaliser l'être humain qui se tient dans la parole de *Dieu*.

Les oints de l'*Eternel* sont littéralement des « fils de l'huile fraîche » (« *benei hayitshar* ») se tenant dans la présence du *Seigneur* de toute la terre (« *adon kol ha'ares* »)[139]. Les oliviers (« *hazetim* ») se réfèrent à ce qui est nécessaire en vue de la production de l'huile. Par la prière et la présence devant *Dieu*, opère le réveil. Le *Saint-Esprit* accompagne la parole de *Dieu* pour communiquer la vie aux fils de *Dieu*.

Spirituellement, l'endormi se caractérise par l'absence ou le peu d'intercession. Pourtant, *YHWH* réjouit ceux qui se tiennent dans la maison de prière pour effectuer des holocaustes, des sacrifices en faveur de son autel puisque la maison de *Dieu* sera appelée une maison de prière pour tous les peuples[140]. La maison de prière est tant l'être humain dont le corps est le temple du *Saint-Esprit*, le foyer que l'*Eglise*.

3°/ Les caractéristiques des endormis

Les endormis spirituels présentent plusieurs caractéristiques. Ceux qui ne font pas des holocaustes ou des sacrifices sur l'autel de *Dieu* sont décrits dans la bible comme des « guetteurs aveugles », des « ignorants », des « chiens muets » ajoutant « qu'ils ne peuvent aboyer rêvant couchés, aimant sommeiller »[141]. Les facteurs cumulatifs de l'endormissement sont la cécité, l'ignorance, le mutisme, les rêveries, le

---

[137] - Zacharie (*Zekharia*), 4, 1ᵉʳ.
[138] - Zacharie (*Zekharia*), 4, 2.
[139] - Zacharie (*Zekharia*), 4, 14.
[140] - Esaïe (*Yeshayahou*), 56, 7.
[141] - Esaïe (*Yeshayahou*), 56, 10.

positionnement couché et l'amour du sommeil. On voit là tout à fait le contraire du coq, celui qui réveille, avec des yeux perçants, redressé sur ses pattes.

D'abord, il n'est pas aveugle car il observe ce qui se passe dans la basse-cour, ayant un rôle de surveillance. Deuxièmement, certaines versions affirment que le coq est un animal intelligent, ce qui s'oppose à l'ignorance. Troisièmement, en raison de ses chants, il ne serait pas sage de le considérer comme muet, ses cris remplissant les fonctions de réveil et d'alerte.

Le terme « rêvant » (« *hozim* ») exprime un état d'esprit d'une personne absente ou ayant des absences et ne va pas se préoccuper des dangers ni de son environnement immédiat. Or, le coq, bien qu'ayant un port altier ou fier, n'a pas pour autant la tête en l'air dans la mesure où il est décrit comme étant vigilant regardant autour de lui. Ce même animal abaisse sa tête pour picorer les aliments en contact avec le sol.

Le vocable « couché » (« *shokvim* ») traduit un positionnement inadéquat pour un combat victorieux. Déjà, parmi les principes élémentaires du combat spirituel, il convient de se tenir debout. En effet, lors d'un combat, la position couchée traduit une vulnérabilité et un risque d'échec voire de mort. C'est notamment ce qui est observable à l'occasion des combats de coqs.

De surcroît, cet animal se tient dressé sur ses pattes tant pour affronter un combat que pour réveiller et alerter par son chant. Dans le combat, il y a de la pugnacité, de l'âpreté, n'hésitant pas à lutter jusqu'au sang. Ainsi, l'auteur de l'épître aux Hébreux indique que ce n'est pas encore jusqu'au sang que vous avez résisté en luttant contre le péché[142], justifiant la correction du *Seigneur* envers les enfants qu'il reconnaît comme légitimes.

Force est cependant de remarquer que certains serviteurs ont péri pour la cause de *Jésus-Christ*, à l'instar de *Jacques*. *Christ* lui-même, épousant la cause de son *Père*, paya au prix de son propre sang pour le salut de l'humanité et, particulièrement, du croyant en lui. En effet, celui qui ne croit pas est condamné[143].

Le coq souffre dans le combat contre son congénère. Et que dit la bible à propos de l'être humain : « Il ne faut pas que quelqu'un souffre comme meurtrier, voleur, malfaiteur ou comme dénonciateur ; si par contre c'est en tant que chrétien, qu'il n'ait

---

[142] - Hébreux, 4, 12.
[143] - Marc, 16, 16.

point honte, qu'il glorifie plutôt *Dieu* de porter ce nom »[144]. Les coqs souffrent à cause des assauts répétés de l'un contre l'autre dans le cadre du combat. Comparativement, eu égard à la parole de *Dieu*, il n'est pas question pour l'être humain de lutter contre la chair et le sang, c'est-à-dire contre un autre être humain, mais contre les principautés (« *arkhaï* »), les autorités (« *exoucias* »), les souverains de ce monde des ténèbres (« *kosmokratoras toû skotous toutou* ») et les esprits de méchanceté dans les hauts lieux (« *pneumatika tês ponerias èn toîs èpouraniois* »)[145].

L'expression « aimant sommeiller » (« *ohavei lanum* ») renvoie aux personnes prenant plaisir à ne rien faire, à être oisif. Ils aiment à se prélasser dans un lit, à vouloir dormir, sans aucunement s'activer. Aimer sommeiller s'inscrit dans la dimension de la paresse, au fait de ne rien vouloir faire. Or, le coq reste en alerte au moindre bruit ou va susciter le réveil.

4°/ L'exemple d'*Eutychos*

Au premier jour de la semaine, alors que l'apôtre *Paul* adressait la parole aux frères, et que le discours se prolongeait jusqu'à minuit[146], un jeune homme nommé *Eutychos* qui était à la fenêtre, étant appesanti par un profond sommeil, tomba du troisième étage et fut relevé mort[147]. Outre le fait que la réunion se fit au troisième étage, elle se déroulait dans la chambre haute où il y avait un bon nombre de lampes (« *lampades* »)[148]. Or, la chambre haute est le témoignage de présence de *Dieu*, là où les disciples ont reçu le *Saint-Esprit*, là où le prophète *Elie* ressuscita un enfant. De plus, la lampe est le symbole de la parole de *Dieu*.

Dès lors, les conditions étaient réunies pour que la manifestation de la puissance résurrectionnelle de *Christ* puisse se déployer. L'apôtre *Paul* rassura l'auditoire par cette simple phrase : « ne vous inquiétez pas, en effet son âme est en lui »[149]. La mort était survenue au moment du sommeil dans une situation dangereuse (positionnement à la fenêtre) et à un instant d'inattention (« appesanti de sommeil »). C'est dire l'intérêt de veiller pour ne pas se placer dans une position de péril spirituel.

B – La résurrection

---

[144] - I Pierre, 4, 15 et 16.
[145] - Ephésiens, 6, 12.
[146] - Actes, 20, 7.
[147] - Actes, 20, 9.
[148] - Actes, 20, 8.
[149] - Actes, 20, 10.

La résurrection traduit l'espérance des chrétiens. Si la résurrection n'existe pas et que *Christ* n'a pas été ressuscité des morts, la foi serait vaine et les endormis en *Christ* seraient perdus[150]. S'il s'agit d'avoir de l'espérance pour ce qui est de la vie actuelle, alors les croyants auraient été fort pitoyables[151]. Cependant, *Christ* est ressuscité (« *ègégertaï* ») d'entre les morts et il est les prémices (« *aparkhè* ») de ceux qui se sont endormis[152].

Les prémices sont les premiers fruits, l'excellence. Le sacrifice de *Christ*, sa mort et sa résurrection visaient à accorder d'importants fruits spirituels sur la base du pardon, de la réconciliation, de la guérison par les meurtrissures de *Jésus-Christ* et du bénéfice de la vie éternelle en acceptant *Christ*. Si, par un homme, la mort est venue, par un homme est venue la résurrection des morts[153]. Par *Adam*, tous meurent et par *Christ*, tous seront vivifiés[154].

On comprend alors pourquoi l'apôtre *Paul* ne voulait point que les frères soient laissés dans l'ignorance au sujet des « endormants » (« *koimoménon* ») et qu'ils ne soient attristés à l'instar de ceux qui n'ont pas d'espérance[155]. Si *Christ* lui-même est mort et s'est relevé, de même aussi *Dieu* emmènera les endormis par *Jésus-Christ*[156].

Au-delà de l'aspect étymologique (1), la résurrection est une expression de la puissance de *Dieu* (2).

1°/ L'approche étymologique

Dans l'approche étymologique, on distinguera volontiers l'*Ancien Testament* du *Nouveau Testament*.

L'Ancien Testament - En hébreu, verbalement, « *shayah* » a le sens de « vivre », d'« avoir la vie », de « revenir à la vie », de « vivre éternellement », de « guérir », de « survivre », de « retrouver la vie », de « revivre », de « sortir d'une maladie, d'une

---

[150] - I Corinthiens, 15, 12 à 18.
[151] - I Corinthiens, 15, 19.
[152] - I Corinthiens, 15, 20.
[153] - I Corinthiens, 15, 21.
[154] - I Corinthiens, 15, 22.
[155] - I Thessaloniciens, 4, 13.
[156] - I Thessaloniciens, 4, 14.

faiblesse, d'un découragement », de « ressusciter »[157], de « raviver »… L'acception donne l'idée de ranimer une chose éteinte, de la nourrir, de lui octroyer une nouvelle vie au travers soit d'une résurrection physique, soit d'un changement dans les conditions de vie et dans le cœur. Elle touche à la fois au renouvellement de la vie et dans sa propre vie.

En lien avec « *shayah* », « *mishyah* » fait référence à la « préservation de la vie », au « vif de la chair », à la « chair tendre ou crue », au « fait de faire revivre », « de sauver la vie »[158], « de donner la vie »[159], « de conserver la vie »[160]. Or, *Jésus-Christ* n'a pas seulement le pouvoir de ressusciter physiquement, mais celui de ressusciter spirituellement. Les nouvelles conditions de vie spirituelle se caractérisent par l'expression du fruit de l'*Esprit* dans la vie d'un individu[161]. L'*Eglise* est sanctifiée en étant purifiée par le « bain de l'eau dans une parole » (« *loutrô toû udatosèn rémati* »)[162]. Eu égard à sa bonté (« *khrestotes* ») et à son amour pour les hommes (« *philanthropia* » associant l'amour « *phileo* » de *Dieu* et « *anthropos* »), il les sauva par un « bain de régénération (nouvelle naissance) et de renouvellement » (« *loutroû paligguenesias kai anakaïnoseos* ») de l'*Esprit-Saint*[163].

En hébreu, « *shayay* » veut dire « vivre », « avoir la vie », « vivre dans la prospérité », « vivre éternellement[164] », « être ramené à la vie ou à la santé ».

Le Nouveau Testament - Dans le *Nouveau Testament*, pour parler de la résurrection, le grec emploie le plus souvent le mot « *anastasis* »[165], signifiant également « se lever », « se dresser », « ressusciter »[166]. Il s'agit d'un relèvement, à savoir mettre debout ce qui est couché.

L'expression grecque vient du verbe « *anistemi* » voulant dire « se lever », « élever », « se relever du sol », « se relever de la mort », « ressusciter », « naître »,

---

[157] - I Rois (*Melakhim*), 17, 22 ; II Rois (*Melakhim*), 8, 1er et 5 ; Ezéchiel (*Yehezqel*), 37, 3 (revivre), 5 (vivre), 6 (vivre), 9 (revivre), 10 (reprendre vie), 14 (vivre).
[158] - Genèse (*Berechit*), 45, 5.
[159] - Esdras (*Ezra*), 9, 8.
[160] - Esdras (*Ezra*), 9, 9.
[161] - Galates, 5, 22 et 23.
[162] - Ephésiens, 5, 26.
[163] - Tite, 3, 4 et 5.
[164] - Genèse (*Berechit*), 3, 22.
[165] - Matthieu, 22, 23, 28, 30 et 31 ; Marc, 12, 18 et 23 ; Luc, 2, 34 ; 14, 14 ; 20, 27, 33, 35 et 36 ; Jean, 11, 25 ; Actes, 1er, 22 ; 2, 31 ; 4, 2 et 33 ; 17, 18 et 32 ; 23, 6 et 8 ; 24, 15 et 21 ; 26, 23 ; Romains, 1er, 4 ; 6, 5 ; I Corinthiens, 15, 12, 13, 21 et 42 ; Philippiens, 3, 10 ; II Timothée, 2, 18 ; Hébreux, 6, 2 ; 11, 35 ; I Pierre, 1er, 3 ; 3, 21.
[166] - Jean, 5, 29 ; 11, 24.

« apparaître ». Structurellement, il se compose de « *ana* » (« dans le milieu », « au milieu », « parmi », « entre ») et de « *histemi* » (« placer », « faire se tenir en place », « poser », « mettre », « rendre ferme », « fixer les règles », « établir », « tenir », « garder intact », « maintenir », « se tenir », « se tenir devant », « se tenir debout », « se tenir près de »)… Le ressuscité se maintient entre les vivants ou a la capacité de se tenir debout ce qui n'est pas le cas d'un mort.

D'autres mots sont utilisés pour parler de la résurrection. Il y a « *exanastasis* »[167] du verbe « *exanistemi* », « faire lever », « élever », « produire », « susciter », « se lever », usité trois fois dans le *Nouveau Testament* dans un contexte cependant non résurrectionnel[168]. Il y a « *egersis* »[169], le « réveil », l'« excitation », la « résurrection d'entre les morts ». Il vient de « *egeiro* », c'est-à-dire « réveiller », « faire lever », « se réveiller du sommeil », « s'éveiller », « se réveiller du sommeil de la mort », « revenir à la vie », « se lever d'un siège, d'un lit »…

Au plan intérieur, le renouvellement de l'intelligence traduit une résurrection. A cet effet, deux mots grecs ont été employés dans la bible.

L'un, « *anakaïno* », traduit le renouvellement à partir de quelque chose déjà existante, « *kaïno* » étant faire du nouveau à partir de l'existant. L'être humain existe déjà physiquement, mais il lui faut être transformé par le renouvellement de l'intelligence pour discerner la volonté de *Dieu*, la bonne, l'agréable, la parfaite et pour cela, offrir au préalable son corps comme un sacrifice vivant, saint, agréable, ce qui constitue, de la part du croyant, un culte raisonnable[170]. L'« *anakaïno* » concerne le fait pour le croyant d'être revêtu du « *neos* » (nouveau) en vue de la connaissance de l'image du créateur ou pour accéder à la connaissance et, il ne cesse d'être renouvelé à l'image de son créateur[171]. L'« *anakaïno* » intéresse le renouvellement de l'*Esprit-Saint*[172].

L'autre, « *ananeoustaï* », exprime le renouvellement découlant d'une chose n'existant pas antérieurement. Ainsi, ce que fait le *Seigneur* dans l'esprit de l'intelligence d'un croyant[173] constitue pour lui une chose totalement nouvelle,

---

[167] - Philippiens, 3, 11.
[168] - Marc, 12, 19 (susciter) ; Luc, 20, 28 (susciter) ; Actes, 15, 5 (se lever).
[169] - Matthieu, 27, 53 à propos des saints endormis qui se réveillèrent et qui sortirent des tombeaux après le réveil.
[170] - Romains, 12, 1er et 2.
[171] - Colossiens, 3, 10.
[172] - Tite, 3, 5.
[173] - Ephésiens, 4, 23.

inexistante auparavant. Alors que l'« *anakaïno* » prend en compte l'existence préalable de l'être pour évoquer la transformation en son sein, l'« *ananeoustaï* » évoque une rupture spirituelle marquée par une nouveauté intégrale. Ainsi, l'instruction selon la vérité en *Jésus-Christ* conduit à se débarrasser de sa précédente conduite, du vieil homme se corrompant selon les convoitises de la tromperie, à être renouvelé par l'esprit de son intelligence et de revêtir le nouvel (« *kaïnos* ») homme créé d'après *Dieu* dans la justice et la sainteté de la vérité[174].

En dépit de cette distinction, on note néanmoins que, d'un côté, l'« *anakaïno* » a été associé au « *neos* » et que l'« *ananeoustaï* » a été lié au « *kaïnos* » probablement pour témoigner d'une distinction pratique difficile à effectuer dans un processus de renouvellement continu.

2°/ La manifestation de la puissance de *Dieu*

Si la perspective du réveil intègre l'idée de résurrection, le coq incite à se lever, à se mettre debout. Celui qui en entend le chant à l'aube sort de sa torpeur pour se nettoyer, se débarbouiller, avoir les vêtements adéquats et, enfin, à se mettre en activité. Ce qui est dit là peut avoir un sens spirituel dans la mesure où un jour nouveau s'inscrit dans la perspective de la sanctification. « Tout ce qui est manifesté est lumière. C'est pourquoi il dit : Réveille-toi, le dormant, et lève-toi d'entre les morts, et brillera *Christ* sur toi »[175].

A ne point en douter, il existe trois formes de résurrection : la résurrection spirituelle, la résurrection physique et la résurrection pour la vie d'une part et pour la mort d'autre part.

La résurrection spirituelle - Le fait de donner sa vie à *Christ* se caractérise par une résurrection d'ordre spirituel et s'apparente à une naissance de nouveau ou d'en-haut (« *anothen* »)[176]. Le croyant vit selon l'*Esprit*, abandonnant les œuvres de la chair pour progresser spirituellement.

Lorsque la puissance de la résurrection se manifeste, une transformation intérieure s'opère. Au sujet de la résurrection des morts, le corps est semé dans la corruptibilité, il ressuscite dans l'incorruptibilité[177]. Il est semé dans la misère, il ressuscite dans la

---
[174] - Ephésiens, 4, 21 à 24.
[175] - Ephésiens, 5, 14.
[176] - Jean, 3, 3.
[177] - I Corinthiens, 15, 42.

gloire ; il est semé dans la faiblesse, il ressuscite dans la puissance[178]. Il est semé corps régi par lui-même (« *psukhikon* »), il ressuscite corps régi par l'*Esprit* (« *pneumatikon* »). S'il est un corps régi par soi-même, il est aussi un régi par l'*Esprit*[179]. La personne ressuscitée spirituellement n'est plus gouvernée par le péché, par le moi, par sa chair ou l'esprit du monde, mais par le *Saint-Esprit*. Si le premier *Adam* a été un être vivant en ce sens qu'il a reçu la vie, le second *Adam*, à savoir *Jésus-Christ*, est un esprit vivifiant en ce sens qu'il accorde la vie[180]. Celui qui a le *Fils* a la vie, celui qui ne l'a pas n'a pas la vie[181].

Le miracle opéré dans la vallée des ossements montre la dimension de ce que la parole émise a la capacité d'apporter la résurrection. Il s'agit d'un mouvement d'ensemble permettant de remobiliser l'être dans son entièreté, dans ses composantes corporelles, avec l'aide du souffle (« *ruah* ») apporté afin de redonner la vie. La transformation s'opère grâce aux modifications internes pour permettre aux os, aux tendons, à la chair et à la peau d'être reconstitués.

La restauration de l'être est une opération réalisée spirituellement, psychiquement et corporellement. Pour ce faire, YHWH demanda à *Yehezqel* de parler en prophète[182]. En prophétisant, le souffle vient et une armée a été instituée après que lesdites composantes fussent rendues vivantes et qu'elles se tinrent sur leurs pieds[183]. Le besoin de résurrection spirituelle se traduit par le dessèchement des os, la destruction de l'espérance et le fait d'être en miettes[184].

Dans la résurrection, il y a la vigueur donnée aux os car c'est à cause du péché que les os se consument[185]. Le péché étant un obstacle à la résurrection, la confession des fautes apparaît comme un moyen essentiel du réveil. Dès lors, l'espérance et l'avenir sont donnés dans le cadre du projet de paix et non de malheur[186]. *A contrario*, la malédiction empêche l'expression de l'espérance.

Par ailleurs, la résurrection se caractérise par le fait que l'être, et singulièrement le cœur, se trouve guéri en raison de la capacité de *Dieu* à unifier un cœur brisé. Avec la décision humaine de supprimer les horreurs et les abominations, il donne un « cœur

---

[178] - I Corinthiens, 15, 43.
[179] - I Corinthiens, 15, 44.
[180] - I Corinthiens, 15, 45.
[181] - I Jean, 5, 12.
[182] - Ezéchiel (*Yehezqel*), 37, 9.
[183] - Ezéchiel (*Yehezqel*), 37, 10.
[184] - Ezéchiel (*Yehezqel*), 37, 11.
[185] - Psaumes (*Sepher Tehillim*), 32, 3.
[186] - Jérémie (*Yirmeyahou*), 29, 11.

un » (« *lebh echad* ») (sans blessures intérieures, sans fracturation) et un souffle nouveau accordé au-dedans des concernés et il supprime le cœur de pierre hors de leur chair pour leur donner un cœur de chair (« *lebh basar* »)[187]. Le rejet des révoltes loin de soi est la condition *sine qua none* de l'accession à un « cœur nouveau » (« *lebh shadash* ») et un « souffle nouveau » (« *ruah shadashah* »)[188]. Cela est nécessaire pour éviter « la mort de celui qui meurt » (« *bemot hamet* »)[189], spirituellement parlant.

Pour être lavé de toutes les impuretés et des idoles, la purification s'opère par le versement d'une « eau pure » (« *mayim tehorim* »)[190]. Le croyant en *Jésus-Christ* bénéficie de fleuves d'eaux vives en son sein et couleront des eaux vivantes (« *udatos dzontos* »)[191]. *Jésus-Christ* dit cela à propos de l'*Esprit* que devaient recevoir les croyants en lui[192]. L'eau pure produit le don d'un « cœur nouveau » et d'un « souffle nouveau » au-dedans de ceux qui viennent à lui et l'*Eternel* transforme le cœur de pierre de la chair pour donner un cœur de chair[193].

La résurrection physique - La résurrection physique est celle dont a bénéficié notamment *Lazare* ou l'enfant d'une veuve se trouvant dans la ville de *Naïm*. Tous les présents ont pu constater la gloire de *Dieu*. Un mort a été physiquement ressuscité et fut revenu à la vie. En effet, *Jésus-Christ* s'est présenté à *Marthe*, sœur de *Lazare*, comme étant « la résurrection et la vie » en ajoutant que « le croyant en moi, même s'il est mort, vivra »[194]. Alors que *Marthe* s'attendait à une résurrection pour le « dernier jour » (« *eskhaté éméra* »)[195], le *Fils de Dieu* était prêt à réaliser le miracle immédiatement. C'est d'ailleurs ce qu'il fit.

« De même en effet, que le *Père* réveille les morts et vivifie, de même aussi le *Fils* vivifie ceux qu'il veut »[196]. Le *Fils* partage la même identité que le *Père* d'autant qu'il a été physiquement ressuscité par le *Père* le troisième jour. Ainsi, la résurrection s'apparente à un « séisme grand » (« *seismos...mégas* »)[197], c'est-à-dire un évènement spirituel majeur dans la vie d'une personne.

---

[187] - Ezéchiel (*Yehezqel*), 11, 18 et 19.
[188] - Ezéchiel (*Yehezqel*), 18, 31.
[189] - Ezéchiel (*Yehezqel*), 18, 32.
[190] - Ezéchiel (*Yehezqel*), 36, 25.
[191] - Jean, 7, 38.
[192] - Jean, 7, 39.
[193] - Ezéchiel (*Yehezqel*), 36, 26.
[194] - Jean, 11, 25.
[195] - Jean, 11, 24.
[196] - Jean, 5, 21.
[197] - Matthieu, 28, 2.

Mais, cela ne fut pas seulement constatable à la résurrection de *Jésus-Christ*. Il le fut antérieurement, au moment où il rendit l'esprit[198]. A cet instant, non seulement le rideau du sanctuaire se fendit de haut jusqu'en bas en deux, mais la terre a tremblé, les pierres se sont fendues, les tombeaux s'ouvrirent, de nombreux corps de saints endormis se réveillèrent, sortant hors des tombeaux et entrèrent dans la sainte ville en se manifestant beaucoup[199].

Quand spirituellement la terre tremble, l'être humain subit la pression divine en vue de fendre la pierre (colères mauvaises, animosités, dureté de cœur, orgueil…), pour ouvrir le cœur dur en autorisant la sortie d'une personne ressuscitée et, par conséquent, l'existence d'une nouvelle créature. C'est ici la dimension d'un changement de cœur.

La résurrection pour la vie ou pour la mort – La résurrection se manifestera, les uns pour la vie éternelle, les autres pour la seconde mort. Il vaut mieux vivre deux fois (physiquement et spirituellement – naissance de nouveau ou d'en-haut) et mourir une seule fois pour bénéficier de la vie éternelle, que de vivre une fois et de mourir deux fois (physiquement et pour l'étang de feu) en vivant éternellement dans la mort.

De même qu'il y a trois dimensions de vie (la vie physique, la vie spirituelle et la vie éternelle), il y a aussi trois dimensions de mort (la mort physique, la mort spirituelle et la mort éternelle). Tout dépendra du choix de l'individu durant sa vie. Soit il acceptera la parole de *Dieu* (*Christ*) et se repentira à l'instar du brigand repentant à la croix, soit il refusera la parole et ne se repentira pas à l'instar du brigand insulteur. Le premier eût une place garantie au paradis le jour même et cela n'est pas dit pour le second.

Afin de connaître la puissance résurrectionnelle et la communion avec les souffrances de *Christ*, l'apôtre *Paul* a dû mettre de côté ce qui faisait plaisir à sa propre chair, la religiosité, son origine, son caractère, son légalisme afin de perdre pour mieux connaître *Christ*, acceptant d'être dépouillé[200].

Section 2 – Le recours au coq au plan spirituel

---

[198] - Matthieu, 27, 50.
[199] - Matthieu, 27, 51 à 53.
[200] - Philippiens, 3, 3 à 11.

Dans le *Nouveau Testament*, le coq est associé à un esprit prophétique (§ 1). Cependant, la parole de *Dieu* ne saurait admettre certains usages traditionnels et ce qui est maléfique (§ 2).

§ 1 – Le coq dans le cadre biblique prophétique

Indéniablement, le coq est un animal qui, bibliquement, a été inscrit dans un cadre prophétique (A). Les caractéristiques de son chant permettent de déterminer les modalités d'expression de la prophétie (B).

A – Le cadre prophétique

Deux choses sont, de prime abord, à noter. D'une part, l'hypothèse a été émise, dans la parole de *Dieu*, d'une éventuelle venue de *Jésus-Christ* en gloire au chant du coq (1). D'autre part, la bible met l'accent sur la concrétisation d'une prophétie messianique (2).

1°/ Le probable chant du coq à la parousie de *Jésus-Christ*

Le chant du coq est une illustration donnée pour parler de l'avènement, de la venue de *Christ* en gloire. Cette « *parousia* » est la « venue », l'« avènement », l'« apparition », l'« arrivée », la « présence », le « retour » du *Seigneur Jésus-Christ*[201]. Ce mot a été aussi employé pour parler de l'arrivée de *Stephanas* à *Corinthe*[202], de la présence de *Paul* à *Philippes*[203], de *Tite* à *Corinthe*[204], de l'avènement de l'impie[205] ou de celui du jour de *Dieu*[206].

Quand le terme est employé pour évoquer la venue de *Jésus-Christ*, il apparaît essentiel que le chrétien se prépare afin de recevoir un invité d'honneur devant venir à l'improviste, comme un voleur, en un temps indéterminé, que seul le *Père céleste* connaît.

---

[201] - Matthieu, 24, 3, 27, 37, 39 ; I Corinthiens, 15, 23 ; I Thessaloniciens, 2, 19 ; 3, 13 ; 4, 15 ; 5, 23 ; II Thessaloniciens, 2, 1er et 8 ; Jacques, 5, 7 et 8 ; II Pierre, 1er, 16 ; 3, 4 ; I Jean, 2, 28.
[202] - I Corinthiens, 16, 17.
[203] - Philippiens, 2, 12.
[204] - II Corinthiens, 7, 6 et 7.
[205] - II Thessaloniciens, 2, 8 et 9.
[206] - II Pierre, 3, 12.

A propos de cette venue de *Christ*, la parole de *Dieu* est explicite. Elle recommande de veiller car on ne sait pas quand le *Seigneur* de la maison vient, le soir, à minuit, au chant du coq, le matin, de peur être retrouvé endormi au moment de son apparition soudaine[207]. En somme, le chant du coq peut être un temps marqué spirituellement à inscrire dans une dimension prophétique se couplant avec les autres signes déjà mentionnés indiquant la venue en gloire de *Jésus-Christ*.

Certainement, animé par cette expérience d'interpellation par le chant du coq, l'apôtre *Pierre* pouvait écrire : « Et nous avons plus ferme la parole prophétique, à laquelle vous faites bien de prendre garde, comme à une lampe brillant en un lieu obscur, jusqu'à ce que le jour ait lui et l'étoile du matin se soit levée dans vos cœurs »[208].

A l'instar du souvenir du chant du coq, rappelant l'intérêt d'être attentif à la parole prophétique (« *profetikos logos* »), l'apôtre *Pierre* rappelait la fermeté de la tenir mettant l'accent sur la « lampe brillant en un obscur lieu » (« *lukhno fainonti èn aukhmerô* »), renvoi à la parole déployée dans les ténèbres qui n'a pas été reçue. Les références solaire et stellaire sont importantes dans ce passage dans la mesure où le jour luit et l'étoile du matin (« *fosforos* ») se lève, la conjugaison entre la lumière et l'étoile étant une mention explicite à la personne de *Jésus-Christ*.

2°/ La concrétisation de la prophétie messianique

L'histoire du reniement de *Pierre* est notamment connue en raison de la mention par les quatre *Evangiles* de l'existence du chant du coq. Ce dernier intervient pour rappeler la prophétie faite par *Christ* pour qu'elle revienne à la mémoire du fautif[209]. Le chant du coq est le symbole de ce qu'il ne fallait pas oublier[210]. En ce qu'il est subséquent au péché, il intervient comme un signal de repentance[211].

A ce propos, les quatre *Evangiles* indiquent les raisons pour lesquelles *Christ* à prophétisé.

L'Evangile de Matthieu - D'après le récit de *Matthieu*, alors que *Pierre* annonça qu'il n'allait pas être scandalisé par *Jésus-Christ*, ce dernier lui révéla qu'en cette nuit

---

[207] - Marc, 13, 35 et 36.
[208] - II Pierre, 1er, 19.
[209] - Matthieu, 26, 34.
[210] - Matthieu, 26, 75.
[211] - Jean, 13, 38.

même, il le renierait à trois reprises[212]. Mais, présomptueux, celui-ci persiste en disant qu'il ne le renierait pas[213]. La réalité est qu'il nia effectivement trois fois qu'il fut avec *Jésus-Christ*[214]. La vraie prophétie est celle qui se réalise et on voit le vrai prophète à son fruit.

Pierre se mit alors à faire des imprécations et à jurer en disant qu'il ne le connaît pas. Et, c'est au beau milieu de ce mensonge que le coq chanta[215]. Pris en flagrant délit de mensonge, sa mémoire fut ravivée et il constata son péché. Il sortit dehors et pleura amèrement[216]. La prophétie réalisée avait pour effet de briser la pierre, la carapace, les modes de pensées et de fonctionnement. La prophétie associée au chant du coq a attaqué le cœur de pierre de *Pierre*. « Amèrement » se dit en grec « *pikros* » pour montrer à quel point l'amertume peut piquer le fautif, traduisant une tristesse devant conduire le pécheur à la « *metanoïa* ».

L'Evangile de Marc - Selon le livre de *Marc* racontant la même histoire, malgré la prophétie messianique, *Pierre* parla à *Jésus-Christ* avec plus de force déclarant même être prêt à mourir pour lui[217]. Au premier reniement, *Pierre* sortit du vestibule et la bible signale que le coq chanta[218]. La sortie du vestibule tient au fait qu'il devait bien entendre le premier avertissement. Mais, manifestement, dans son entêtement, il se mit de nouveau à nier. *Marc* nous informe qu'il se mit à maudire et à jurer tout en utilisant l'arme du mensonge[219]. Alors, le coq chanta pour la deuxième fois et *Pierre* se rappela de la parole que lui avait dite *Jésus-Christ*[220]. La précision par l'*Evangéliste Marc* d'un double chant du coq n'était-elle pas une manière de révéler le fort endurcissement du cœur de *Pierre* à ce moment ?

L'Evangile de Luc - Dans le livre de *Luc*, il est dit que *Pierre* suivait de loin le déroulement des évènements lorsqu'on livra *Jésus-Christ*. En somme, celui qui proclamait qu'il suivrait *Christ* partout s'est mis en retrait ou en arrière, n'étant pas acteur de l'évènement, mais spectateur. Celui qui se voulait acteur est devenu spectateur. *Pierre*, assis à côté de certaines personnes, fut reconnu par une petite servante, une autre personne et, une heure après, quelqu'un d'autre[221]. Dans le récit

---

[212] - Matthieu, 26, 34.
[213] - Matthieu, 26, 35.
[214] - Matthieu, 26, 69 à 73.
[215] - Matthieu, 26, 74.
[216] - Matthieu, 26, 75.
[217] - Marc, 14, 31.
[218] - Marc, 14, 68.
[219] - Marc, 14, 66 à 71.
[220] - Marc, 14, 72.
[221] - Luc, 22, 54 à 59.

telle que raconté par *Luc*, le *Seigneur* s'est retourné et fixa *Pierre* du regard. Et alors, ce dernier se souvint de la parole du *Seigneur*[222]. Il sortit à l'extérieur et pleura amèrement[223].

Seul *Luc* met l'accent sur le regard de *Jésus-Christ*. Le chant du coq s'est associé, dans cette narration, au regard de *Jésus-Christ* probablement pour ponctuer une vérité prophétique.

L'Evangile de Jean - Tout en étant plus concis, le récit de *Jean* donne quelques précieuses informations. Alors que *Pierre* avait déclaré haut et fort qu'il était prêt à déposer sa vie pour *Jésus-Christ*, ce dernier lui indiqua qu'il le renierait trois fois avant qu'un coq ne se mette à chanter[224]. On imagine l'homme péremptoire, avec un verbe certainement haut. Selon *Jean*, l'un des serviteurs du grand-prêtre, parent de celui dont *Pierre* avait coupé le bout de l'oreille, le reconnut[225]. Or, comment un parent pourrait-il oublier une tentative d'homicide ratée d'un autre, semblant nier tant une telle tentative que d'avoir suivi *Christ* ? Il y est alors simplement dit que *Pierre* nia de nouveau et aussitôt, un coq chanta[226]. *Pierre* avait été pris en flagrant délit de tentative d'homicide et de mensonge.

Dans cette histoire, le cri du coq est venu déchirer le silence en servant d'avertisseur. Le coq a ravivé sa mémoire, a remis à son esprit la prophétie reçue. Si la bible signale que la mémoire du juste est bénie, il apparaît clairement qu'à ce moment, *Pierre* n'avait pas en mémoire les propos venant de *Jésus-Christ*.

B – Les modalités d'expression de la prophétie

La manière dont le coq chante exprime les modalités dans lesquelles le message prophétique est délivré. Le cri du coq s'accompagne de l'émission de vibrations sonores très fortes exprimant une sincérité dans l'action et une sortie du son. Ce cri indique aussi le besoin de souffle.

Ce cri strident est audible à des centaines de mètres alentour. La sortie avec beaucoup de force n'est pas sans rappeler les capacités de proclamation de certains prophètes. Cette capacité vocale met en relief leur propension à proclamer fortement la parole de

---

[222] - Luc, 22, 61.
[223] - Luc, 22, 62.
[224] - Jean, 13, 37 et 38.
[225] - Jean, 18, 25 à 26.
[226] - Jean, 18, 27.

Dieu à l'instar de *Yirmeyahou*, de *Shemouel*, de *Yonah*, de *Jean-Baptiste* et de *Jésus-Christ*.

Cette force prophétique est d'autant plus impressionnante que les conditions de sa manifestation sont parfois difficiles. Il était difficile pour *Yonah* d'aller à *Ninive* pour annoncer la repentance avec le risque de destruction en cas de désobéissance. Ce « nationaliste » qui souhaitait la destruction de *Ninive* s'opposait à la volonté de *Dieu* au point de se diriger vers *Tarsis*, à l'opposé de l'endroit où *YHWH* l'avait envoyé. Ayant passé trois jours et trois nuits dans les entrailles d'un grand poisson, il finit par accepter la mission que lui a confiée *YHWH*[227]. Cependant, l'obéissance du prophète avait été à contrecœur puisqu'il avait davantage eu pitié d'un ricin que de milliers d'individus qui risquaient la mort et qui venaient heureusement de se convertir.

Il était difficile pour *Yirmeyahou* d'annoncer la captivité en *Babylone* (*Babel* en hébreu) au point d'avoir été contesté, emprisonné, menacé de mort. Il fallait une parole aussi tranchante que le cri du coq rompant le silence. La parole de *Dieu* vivante et énergique vient, plus tranchante qu'une épée à double tranchant, séparer jointures et moelles, âme et esprit afin de juger les pensées et les raisonnements du cœur[228]. La force du message prophétique est d'autant plus incroyable qu'il y a une rupture s'opérant entre les ténèbres et la lumière.

Le message de *Dieu* au travers du prophète *Shemouel* a été très dur envers *Shahul* de même que celui de *Jean-Baptiste* envers les pharisiens qui ont même été traités de « race de vipères » et qui devaient produire du fruit digne de la conversion[229]. Face à ces mêmes pharisiens, *Jésus-Christ* n'hésita pas à leur dire qu'ils avaient pour père le diable, meurtrier dès le commencement et ne se tenant pas dans la vérité, mais parlant de son propre fond parce qu'il est menteur et père du mensonge[230].

A l'aube, le chant du coq annonce un changement de période par le passage des ténèbres à la lumière, proclamant une distinction entre les deux dans le cadre de dimensions se voulant à la fois naturelle et spirituelle.

§ 2 – Le double aspect à corriger : entre emploi et caractère anti-bibliques du coq

---

[227] - Jonas (*Yonah*), 2, 1er et s.
[228] - Hébreux, 4, 12.
[229] - Matthieu, 3, 2.
[230] - Jean, 8, 44.

Dans de nombreuses nations, les pratiques occultes ou traditionnelles permettent de relever plusieurs types d'usage du coq. Parmi les pratiques occultes, on trouve l'« *alectryomancie* », l'astrologie et les sacrifices de coq dans le cadre de la sorcellerie (A). Néanmoins, le terme coq fait aussi référence à une certaine catégorie d'êtres humains dont le caractère est à transformer (B).

A – L'usage anti-biblique du coq

Malheureusement, certaines pratiques nationales ou régionales viennent en contravention avec la parole de *Dieu*. Elles incitent à utiliser le coq dans un esprit contraire à la bible. Les fausses prophéties procédant de l'interprétation de mouvements de l'animal ou du positionnement de ses entrailles, de l'astrologie chinoise sont dans le collimateur (1). Il en va de même de la sorcellerie impliquant les sacrifices de coq (2) et des paris effectués dans le cadre des combats de coqs (3). L'étude concernera également le « *tarnegol kapparot* » (4).

1°/ Le coq et la fausse prophétie

A elle seule, la sainte bible atteste de l'existence d'une multiplicité de formes de divination à l'instar de la cartomancie, de l'hydromancie, de l'hépatoscopie, de la nécromancie, du pronostic réalisé en fonction du mouvement des nuages, dans le cadre des jeux associés aux paris…

Or, depuis les temps anciens, les romains avaient tendance à observer le chant du coq et à interpréter les entrailles pour pronostiquer l'avenir. L'« *alectryomancie* » (« *alectoromancie* », « *alectryonomancie* ») consiste en la divination au moyen d'un coq. Chez les grecs, la divination se faisait plus particulièrement avec un cercle pour interpréter les mouvements du coq. A partir de là, les pratiques divinatoires ont intéressé de nombreux pays avec son lot de superstitions.

Les pronostics réalisés à partir du chant du coq, de l'interprétation des entrailles ou du mouvement du coq transgressent la parole de *Dieu*. La raison est simple. L'inspiration divine émane de l'action du *Saint-Esprit* car, parmi les dons charismatiques (« *kharisma* » étant littéralement le don de la grâce), il y a le don de prophétie[231]. Or, il y a une différence notable entre la prophétie procédant du don du *Saint-Esprit* et celle impliquant l'emploi de procédés ou techniques divinatoires

---

[231] - I Corinthiens, 12, 10.

impliquant l'intervention d'un facteur extérieur. La culture des nations s'oppose, sur bien des points, à la parole de *Dieu*.

Ainsi, l'astrologie chinoise se fonde sur des signes animaliers en pronostiquant, en déterminant des caractéristiques d'une personnalité en tenant compte d'une période de naissance ou en émettant des prophéties attachées à l'appartenance à un signe bien déterminé. Parmi ces signes, il y a le coq. Il y aura alors des pronostics globalisants, non personnels, laissant place, dans le flou, à des interprétations multiples en raison du vague des prédictions.

Or, lorsqu'une prophétie vient de *Dieu*, il n'y a pas de flou et il arrive même qu'elle soit d'une précision chirurgicale. On reconnait le vrai prophète à la réalisation de ce qu'il dit, même si cela n'est pas suffisant, puisqu'il faut parallèlement examiner le fruit concordant (marche dans la sanctification, humilité, bon témoignage…).

Le recours aux prophéties astrales est tout autant contraire à la parole de l'*Eternel*. En effet, *Dieu* agit directement dans le troisième ciel, lieu où l'apôtre *Paul* a été ravi alors que les prophéties émanant d'astrologues tiennent à une interprétation de signes et de mouvement des planètes relevant du monde sidéral ou astral. *Dieu* est dans le troisième ciel alors que les interprétations astrales relèvent de l'examen du second ciel. Les pronostics procédant de l'interprétation du chant du coq, du positionnement des entrailles ou du mouvement du coq sont des interprétations touchant à ce qui est visible dans le premier ciel, le ciel atmosphérique.

2°/ Le coq et les sacrifices d'animaux

Dans le cadre de la sorcellerie, les sacrifices d'animaux sont effectués notamment avec l'usage de coqs. Dans plusieurs pays, de tels sacrifices visent à honorer des divinités opposées à *Elohim*. Ainsi, trouve-t-on cette pratique aux *Antilles*, dans certains pays d'*Afrique*. Par exemple, il arrive de trouver des coqs ou des poules dans les ronds-points, dans les intersections, parfois même dans les cimetières, employés dans le cadre de *quimbois*. Ces actes de sorcellerie constituent des œuvres de la chair dont il faut se repentir[232]. En effet, il ne s'agit pas d'invoquer le *Dieu Tout-Puissant*, mais de recourir à des dieux étrangers. Or, selon la bible, ceux et celles qui commettent de tels actes n'hériteront pas du *Royaume des cieux*[233]. En effet, si la

---

[232] - Galates, 5, 20.
[233] - Galates, 5, 21.

sorcellerie se dit en grec « *pharmakeia* », spirituellement elle n'intègre pas la pharmacopée divine.

De plus, le coq est employé en matière de fétichisme. Les rites vaudous font tournoyer le coq vivant sur ses pattes au-dessus d'une dépouille dans le but soi-disant de faire revenir la personne morte à la vie. Cette pratique est, de par ses modalités d'expression, contraire à la parole de *Dieu* car le don de vie et le fait de redonner la vie sont des attributions conférées bibliquement à l'*Eternel* et à *Christ*. Au surplus, l'animal est ensuite sacrifié. Or, un tel sacrifice transgresse la parole de *Dieu* quand on sait que celui de *Christ* est parfait. Enfin, le foie de l'animal est mangé là où la bible dit de ne pas manger l'animal avec son sang car le sang représente son âme[234]. Bibliquement, le sang qui circule à l'intérieur du corps et son mouvement traduisent l'existence et l'expression d'une vie.

Parce que le coq pourrait apparaître spirituellement comme un symbole de résurrection, il y a des personnes détournant cette symbolique spirituelle pour aller invoquer des esprits protecteurs. Ainsi, en *Guinée-Bissau*, pour accueillir quelqu'un, il fallait que le roi demande à l'esprit protecteur du village la bienveillance en tranchant le cou du poulet. Quand il immobilise l'animal, le roi verse les dernières gouttes de sang sur une statuette représentant l'esprit protecteur. Or, la protection qu'il convient de rechercher est celle d'*Elyon*, de *Shaddaï*[235], pas d'un dieu invoqué au travers du sang d'un gallinacé coulant sur une statue.

La dernière pratique décrite soulève spirituellement plusieurs interrogations. D'abord, il n'est pas besoin de sacrifier un coq pour bénéficier d'une quelconque bienveillance divine. Celle-ci n'est pas produite par le sacrifice d'un animal, mais est inhérente à la personne de *Dieu*. De ce fait, on constate que la sorcellerie s'associe à l'esprit de religiosité, d'égarement et d'idolâtrie. La bible dénonce le fait de fabriquer, de se prosterner et de servir les idoles sinon de telles pratiques provoqueraient la jalousie d'*El-Qana* (*Dieu jaloux, Dieu passionné*)[236].

A la fin de sa vie, le philosophe *Socrate* aurait voué, en mourant, un coq à *Esculape*, l'équivalent romain du dieu grec de la médecine *Asclepios*. Ainsi, pensait-il se disculper du reproche d'athéisme. Toutefois, un tel sacrifice en faveur d'une divinité étrangère est vain car il ne pourrait, au regard de la parole de *Dieu*, produire l'expiation des péchés ou l'enlèvement du sentiment de culpabilité. Lorsque des

---

[234] - Actes, 15, 29.
[235] - Psaumes (*Sepher Tehillim*), 91, 1er.
[236] - Exode (*Shemot*), 20, 4 et 5.

personnes en voyage vers *Tarsis* ont été prises dans une tempête à cause de la désobéissance de *Yonah*, malgré l'invocation de dieux divers, il fallait jeter le prophète à la mer pour apaiser *Dieu*. Le calme qui survint produisit gloire et honneur rendus à *YHWH* par des gens de nationalités différentes qui virent en lui le véritable *Dieu*.

En effet, la bible est claire. Qu'on ne trouve chez toi personne faisant passer son fils ou sa fille par le feu, un devin pratiquant la divination, un faiseur de présages, un pratiquant de la magie et un pratiquant de la sorcellerie[237]. Il en est de même du « liant un lien » (jeteur de sorts), de celui qui interroge les spirites (astrologues…), les nécromanciens, les consultants vers les morts[238].

3°/ Les personnes faisant des paris dans le cadre des combats de coqs

Les personnes s'adonnant aux paris dans le cadre de combats de coqs doivent faire attention à ce que leurs comportements d'addiction ne viennent pas s'associer à l'amour de l'argent, racine de tous les maux[239]. Les paris conduisent le cœur du parieur à être attaché à l'argent, provoquant des désirs insensés et pernicieux allant jusqu'à provoquer la ruine.

D'ailleurs, au prétexte qu'un jour, une personne pourrait gagner, elle va tenter sa chance parfois pendant des années dans l'espoir d'obtenir le gros lot qu'elle risque de ne jamais avoir tant les statistiques sont formelles. En somme, les jeux d'argent amènent la plupart des joueurs à la ruine et à la désillusion. De plus, cela génère énormément de dépenses, pour ne pas dire des dettes, avec le risque de ne plus s'en sortir financièrement.

Au surplus, les combats de coqs incitent à se mouvoir dans des ambiances où se mêlent l'amour de l'argent et les passions de l'âme. C'est le règne de l'émotion et de l'expression de désirs enflammés, non maitrisés, loin d'une attitude empreinte du fruit de l'*Esprit*. Parfois même, il arrive que le taux d'alcoolémie soit associé à des dérapages verbaux, des luttes, des querelles, des rivalités, œuvres charnelles qu'il convient de rejeter.

---

[237] - Deutéronome (*Devarim*), 18, 10.
[238] - Deutéronome (*Devarim*), 18, 11.
[239] - I Timothée, 6, 9 et 10.

4°/ La pratique du « *tarnegol kapparot* »

Du point de vue de la tradition religieuse juive, le rite de la « *kapparah* », rite dit d'expiation, est pratiqué par les juifs ashkénazes, la veille de la fête du *Yom Kippour* (jour d'expiation ou jour du grand pardon). Dans ce cadre, chaque famille procède à un abattage rituel d'un coq blanc pour le garçon et d'une poule blanche pour chaque fille.

Cette pratique consiste en ce que le sacrificateur prenne chaque coq (ou chaque poule) et le fasse tourner sur la tête de l'enfant en disant : « ce coq te remplace, ce coq est ta « *kapparah* », l'expiation de tes fautes. Ce coq ira à la mort et toi, tu vivras ».

Cette tradition juive s'appelle aussi par jeu de mots « *guever tarat guever* », « *guever* » signifiant « coq » en hébreu talmudique et « homme » en hébreu biblique. Il y avait un sacrifice d'un coq à la place d'un homme. Le coq se disant en hébreu « *tarnegol* », ce rite s'appelle aussi « *tarnegol kapparot* ».

Or, que dit la parole de *Dieu* à propos des sacrifices d'animaux à des fins religieuses ? *Christ* est survenu, grand prêtre des biens à venir par la plus grande et plus parfaite tente (« *skenes* »), qui n'est pas une œuvre des mains, c'est-à-dire non de cette création, non par le sang des boucs et de veaux mais, par son propre sang, est entré une fois pour toute dans le sanctuaire et ayant obtenu une libération éternelle (« nous a délivrés définitivement de nos péchés » selon la TOB)[240].

« Si le sang des boucs, des taureaux et la cendre de génisse répandue sur ceux ayant été souillés sanctifie en vue de la pureté la chair (le corps), combien plus, le sang de *Christ*, qui, par l'*Esprit* éternel, lui-même s'est offert sans tâche à *Dieu*, purifiera-t-il notre conscience des œuvres mortes pour servir le *Dieu* vivant »[241].

Le sacrifice de *Christ* est donc parfait. Ce sacrifice n'était pas celui d'un coq, mais celui d'un homme présenté comme l'agneau immolé avec pour caractéristiques principales la douceur, l'obéissance et le mutisme au moment du « passage à l'abattoir ». Le coq et la poule ne présentent point de telles aptitudes au moment de l'abattement. Mais, l'agneau de *Dieu* qui enlève les péchés est la personne de *Jésus-Christ*.

---

[240] - Hébreux, 9, 11 et 12.
[241] - Hébreux, 9, 13 et 14.

Au surplus, la bible indique que « les principes (cultures) (« *huqot* ») des peuples (nations) (« *amim* ») sont inconsistants (« *hevel* »)... »[242]. Le mot « *hevel* » sert à montrer ce qui est transitoire, vain, futile dans un système religieux sacrificiel refusant de s'approprier le sacrifice de *Christ*. Pourtant, c'est le même terme qui, en hébreu, désigne le fils cadet d'*Adam* et de *Hawah*, tué par son frère *Qayin*, jaloux de ce que *Dieu* a favorablement regardé le sacrifice de *Hevel*, pas celui du frère aîné.

Au surplus, on peut se demander pourquoi sacrifier un coq alors que le sacrifice de *Christ* est suffisant et comporte le pouvoir de guérison par le biais de son sang, de ses meurtrissures.

B – Le caractère anti-biblique du coq

Ici, ce n'est pas de l'animal dont il est question, mais le comportement d'un homme dont les traits de personnalité sont altérés soit en raison d'une possession spirituelle, soit du fait d'un caractère rappelant celui du coq.

1°/ L'esprit séducteur

Le coq est un animal polygame qui, ayant plusieurs poules, serait enclin à faire le beau. Concernant l'être humain, la polygamie n'a point été dans le plan originel de *Dieu* car l'homme doit quitter son père et sa mère et s'attacher à sa femme et les deux deviendront une seule chair (« *eshad basar* »)[243]. Dans cette unité de corps, la volonté initiale de *Dieu* a été de garantir l'exclusivité des deux côtés même si les pratiques et la loi de *Mosheh* étaient venues y mettre un bémol. *Jésus-Christ* est d'ailleurs revenu sur le sujet avec les *Pharisiens* en leur rappelant la parole d'origine.

Le coq renvoie à une personne dont le comportement se veut séducteur avec suffisance. Il y a un mélange entre la séduction et l'orgueil. C'est le cas de dragueurs imbus de leur personne et comptabilisant le nombre de leurs conquêtes tout en s'en vantant. C'est pour eux une gloire de faire le beau devant leurs conquêtes ou d'en faire de multiples. Le comportement du dragueur est égocentrique et il cherchera à satisfaire avant tout ses désirs pulsionnels.

---

[242] - Jérémie (*Yirmeyahou*), 10, 3.
[243] - Genèse (*Berechit*), 2, 24.

Un homme agissant de la sorte doit recevoir la délivrance par rapport à l'esprit de séduction et pourrait même être animé de l'esprit du coq. L'*ego* démesuré se caractérise par une personnalité forte fondée sur l'apparence. L'individu aura une inclination à se vanter de ses conquêtes féminines et à agir comme un mâle dominant estimant n'avoir aucun compte à rendre. Il a une attitude machiste, méprisant en fait les femmes conquises, les percevant comme des objets sexuels. Le machisme se singularise par le fait que l'homme se sente supérieur à la femme et estime avoir les privilèges du maître et se comporte ainsi. La posture est souvent sexiste.

Or, si la bible a conféré à l'époux, pas n'importe quel homme, la domination sur l'épouse, ce n'est pas dans la dimension de la phallocratie, c'est-à-dire une domination charnelle de l'homme sur la femme. En effet, pour éviter une dérive charnelle, la bible recommande aux maris d'aimer (« *agapao* ») leurs femmes respectivement comme *Christ* a aimé l'*Eglise*[244]. Si la théocratie en *Christ* conduit au « gouvernement de *Dieu* », la phallocratie est littéralement le « gouvernement du phallus ». L'homme agissant comme un coq sera focalisé sur son sexe. Celui qui est centré sur *Jésus-Christ* est dépourvu de la mentalité du coq, mais exprimera l'amour divin distinct de l'amour purement sexuel.

On comprend alors que le coq « séducteur » voudra mettre, de prime abord, ses atouts et avantages physiques en avant tandis que *Dieu* ne regarde pas à l'apparence extérieure, mais au cœur. L'époux animé de l'esprit du coq commettra envers sa femme l'adultère tant qu'il n'en est pas délivré. L'homme non marié animé d'un tel esprit sera souvent dans la *porneia*, à savoir la débauche, l'impudicité.

De surcroît, un tel individu cherche à manifester une certaine virilité, bombant le torse, le pas fier, tenant compte de son aspect extérieur. Ce n'était pas le cas de *Guideon* qui a eu du succès pour avoir mis sa confiance en *Dieu* et avoir agi avec la force que *YHWH* lui a donnée. Il se voyait non seulement dans une condition humble, mais il avait tendance à se déprécier. En somme, celui qui veut se faire valoir de sa propre force risque d'être en échec, à l'instar de *Samson*, même si c'est *Dieu* lui-même qui l'avait doté d'une extraordinaire puissance. Il faut donc éviter d'utiliser mal sa force. Non régénéré, *Pierre* fit une mauvaise utilisation de l'épée et coupa l'oreille de *Malchus*, serviteur du souverain sacrificateur[245]. Il pensait avoir bien fait en prenant la défense de *Jésus-Christ* de cette manière. Cependant, la réponse de ce dernier est claire. Celui qui utilise l'épée périra par l'épée. Le recours à une force mal maîtrisée peut avoir des conséquences désastreuses.

---

[244] - Ephésiens, 5, 25.
[245] - Jean, 18, 10.

L'esprit de séduction va se caractériser par la volonté d'attirer une personne, non pas en vue d'établir une relation stable, durable, sur des fondements solides et sur la base d'un véritable amour, mais sur celle d'une pulsion passagère, de l'envie du moment, en vue de satisfaire un besoin biologique sans considération de l'autre.

Dans ses conditions, le « coq » cherchera à se satisfaire plutôt que de rechercher la satisfaction d'autrui. Il s'agit d'un amour égoïste dit « *eros* », une « basse cour ». L'individu atteint d'un tel esprit de séduction doit en être délivré dans le nom de *Jésus-Christ de Nazareth*[246] après confession des péchés. Parfois, une telle délivrance passe aussi par celle d'esprits séducteurs ou sexuels à l'instar du « mari des nuits », de la « femme des nuits » et de la « sirène des eaux ».

L'esprit de séduction s'associe souvent à celui de vantardise. L'attrait s'opère par un langage onctueux pour arriver à ses fins. A ce titre, les expressions « faire le coq » et « jouer au coq » signifient « faire le fanfaron », « se vanter » de ses exploits, de son audace, de ses projets, « faire étalage » de ses vertus, de ses mérites. Dans la vantardise, il y a de l'audace feinte et une assurance trop tapageuse. Mais, une telle personne a une attitude hardie et arrogante, souvent pour masquer une faiblesse de caractère.

Le verbe « vanter » peut présenter un aspect positif dans ce sens qu'il s'agit de dire du bien de quelqu'un. Ainsi, la sagesse de *Shelomoh* était vantée par les rois de la terre à son époque. Mais, lorsqu'il s'agit de se vanter, il s'agit d'une recherche de satisfaction du moi. Or, la bible déclare explicitement qu'il ne faut pas se vanter car on ne sait pas ce qu'un jour pourrait enfanter[247].

La vantardise est l'un des péchés de la bouche caractérisé par le fait de se mettre en avant par ses paroles au point d'enjoliver les choses en transformant la vérité. Ainsi, il est préférable qu'un étranger te loue, plutôt que ta propre bouche nous dit le livre des *Proverbes*[248]. Le fait de se vanter constitue une louange donnée à sa personne avec une mise en avant de son *ego*. Aussi bien dans les versets 1er et 2 du Livre des *Proverbes* au Chapitre 27, le verbe « *halal* » est employé, renvoyant à « briller », « louer », « se glorifier », « être vantard », « faire des folies », à savoir au sens figuré, « agir comme un insensé », « agir comme un fou ».

---

[246] - Marc, 16, 17.
[247] - Proverbes (*Mishlei*), 27, 1er.
[248] - Proverbes (*Mishlei*), 27, 2.

Or, la parole de *Dieu* déclare que l'amour ne se vante point (« *perpereuomaï* »)[249]. De ce fait, une personne dans l'amour ne va pas chercher à se glorifier, ni à s'afficher dans le but de se promotionner et d'embellir la réalité. De même, la langue est un petit membre qui se vante de grandes choses (« *megalaukheo* »)[250], littéralement « se glorifiant énormément ». C'est être grandiloquent. Dans ces conditions, une personne peut mettre le feu aux relations, en souillant le corps (injures, calomnies, mensonges…)[251]. Outre le fait de bénir et non de maudire[252], il importe de demander à *YHWH* de mettre une garde à sa bouche et de veiller à la porte de ses lèvres[253] afin d'avoir de la maitrise de soi et de la sagesse dans ses propos.

2°/ L'assimilation possible du « *gaver* » au coq

Dans l'*Ancien Testament*, dans Esaïe (*Yeshayahou*), 22, 17, il est question du renversement d'un homme (« *gaver* ») par *YHWH* sachant que, selon une interprétation, « *gaver* » renverrait au coq. Le « *gaver* » présenterait les caractéristiques d'un homme vaillant, d'un guerrier, d'un viril mais qui, devant *Elohim*, ne ferait pas le poids. S'il est question de parler du coq dans ce cas, il ne s'agit pas à proprement parler de l'animal mais bien des caractéristiques d'une personne.

Si dans la Traduction *Fillion*, il est dit : « Voici le *Seigneur* te fera emporter comme un coq et il t'enverra comme un manteau », les autres traductions interprètent « *gaver* » comme « grand homme » (Bible de la *Liturgie*), « l'ami » (Bible *des peuples*), celui « qui se croit fort » (Bible *parole de vie*), « homme robuste » (Traduction du *Nouveau Monde*), « gaillard » (Bible en *français courant*), « mâle » (Bible *Chouraqui*), « beau sire » (Traduction *Œcuménique* de la Bible), « homme » (Bible de *Jérusalem*).

Dans ce verset, à travers diverses versions, il est fait référence à un homme de caractère, orgueilleux, marchant selon une certaine fierté, imbu de lui-même. A ne pas en douter, ce renvoi à l'homme fort que renverse *YHWH* n'est pas sans rappeler une représentation du diable dont il faut lier les œuvres.

---

[249] - I Corinthiens, 13, 4.
[250] - Jacques, 3, 5.
[251] - Jacques, 3, 6.
[252] - Jacques, 3, 9 et 10.
[253] - Psaumes (*Sepher Tehillim*), 141, 3.

Conclusion

On a vu que le coq est une figure située sur la pointe des clochers de certains édifices religieux et servant de girouette. Une division importante existe quant au sens donné à cela. Pour les uns, il s'agit d'un signe de repentance, pour les autres un signe ésotérique. Cependant, la repentance ne procède point d'une image taillée, mais d'une réelle conversion du cœur.

Cette pièce métallique en forme de flèche ou de coq est posée sur un picot dans un lieu élevé, tourne au gré du vent et en indique la direction. Sans vouloir tout spiritualiser, le vent est bibliquement le symbole du *Saint-Esprit*. Cela veut dire, comme on a vu dans l'exemple de *Pierre*, que le chant du coq a contribué à susciter une orientation spirituelle différente. En effet, le vent, « où il veut, souffle, et la voix tu entends, mais tu ne sais ni d'où il vient, ni où il va ; ainsi est tout ce qui a été engendré de l'*Esprit* »[254].

Si cette orientation spirituelle a présidé à la véritable conversion de *Kephas*, il est parallèlement vrai que la bible prohibe toute forme de représentation dans les cieux (« *shamayim* »), sur la terre (« *arès* ») et en dessous, dans les eaux (« *mayim* »)[255]. Ce n'est pas la représentation matérielle qui fait foi aux yeux de *Dieu*, mais davantage un cœur repentant.

Le symbole métallique ne saurait être vu comme une protection par rapport au péché ou par rapport au danger. Le fait de se préserver du péché passe par la résistance à la tentation et par la confession des péchés car l'être humain bronche tantôt d'une manière, tantôt d'une autre. En cas de confession, *Jésus-Christ* « est fidèle et juste pour nous pardonner tout péché et nous purifier de toute iniquité »[256].

Au surplus, l'exemple du coq dans les saintes écritures indique l'intérêt de faire attention à la parole prophétique. L'apôtre *Pierre* l'avait appris à ses dépens lorsqu'il n'était pas encore régénéré. Aussi, est-il bon de se laisser interpeller par cet exemple tout en faisant attention à ne pas passer la frontière conduisant vers les œuvres des ténèbres. A ce titre, l'idolâtrie, la sorcellerie, la voyance, les rituels traditionnels sont à bannir.

---

[254] - Jean, 3, 8.
[255] - Exode (*Shemot*), 20, 4.
[256] - I Jean, 1er, 9.

La réflexion sur le temps de *Dieu*, le réveil, la résurrection, l'eschatologie avec en particulier la parousie d'une part, et l'examen du caractère d'autre part, ont tout autant leur importance.

Animal emblématique, il n'est pas sans lien avec l'annonce de la venue de *Christ* en gloire dans un cadre prophétique d'où cette interpellation à prendre au sérieux : Et si *Jésus-Christ* venait également au chant du coq !...

Oui, je veux morebooks!

I want morebooks!

Buy your books fast and straightforward online - at one of the world's fastest growing online book stores! Environmentally sound due to Print-on-Demand technologies.

Buy your books online at
www.get-morebooks.com

Achetez vos livres en ligne, vite et bien, sur l'une des librairies en ligne les plus performantes au monde!
En protégeant nos ressources et notre environnement grâce à l'impression à la demande.

La librairie en ligne pour acheter plus vite
www.morebooks.fr

SIA OmniScriptum Publishing
Brivibas gatve 197
LV-103 9 Riga, Latvia
Telefax: +371 68620455

info@omniscriptum.com
www.omniscriptum.com

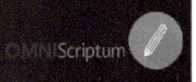

Printed by Books on Demand GmbH, Norderstedt / Germany